子どもと青年の心理療法における親とのワーク

親子の支援・発達のための取り組み

ジョン・ツィアンティス John Tsiantis
シヴ・ボアルト・ボエティウス Siv Boalt Boethious
ビルジト・ハラーフォース Birgit Hallerfors
アン・ホーン Ann Horne
リディア・ティシュラー Lydia Tischler

津田真知子・脇谷順子 監訳
岩前安紀・金沢晃・南里裕美・村田りか・渡邉智奈美 訳

Work with Parents

金剛出版

The EFPP Clinical Monograph Series
WORK WITH PARENTS
Psychoanalytic Psychotherapy with Children and Adolescents
edited by John Tsiantis
SENIOR EDITOR
Siv Boalt Boethious
Birgit Hallerfors
Ann Horne
Lydia Tischler

First published in 2000 by
H. Karnac (Books) Ltd.

Reprinted 2004

推薦の辞

平井正三

今日，虐待などの不適切な養育環境で育ったり，生来的な困難を持ったりしていることで，健やかな成長が難しくなっている子どもや青年への心理的な援助の必要性はますます高まっています。幼少期の虐待を通じて，子どもは，自己価値感が病的に低くなり，本来持っている能力を発揮できなくなって，遂には抑うつ的になったり自殺企図をするようになる場合もあります。あるいは反社会的になるかもしれません。自閉スペクトラム症を持つ子どもは，養育者や周りの人とうまく関われず，さまざまな苦しみを持つようになり，その子どもなりの成長を阻まれていくかもしれません。

こうした子どもや青年に精神分析的心理療法が大いに役立ち得ることは多くの心理臨床家が実感しています。実際，各地方公共団体にある公立の教育センター，小児科，児童精神科，大学付属相談室，私設相談室などでは精神分析的ではないかもしれませんが，子どもや青年たちに心理療法を提供しています。その際にますますその重要性，そして困難さが痛感されてきているのが親との取り組みです。

ウィニコットは，「子どもというものはいない」，つまり子どもは必ず養育者とセットで考える必要があることを指摘しましたが，子どもの心理療法は子どもの親との取り組みなしには成立しません。我が国においてもこの点は認識されてきており，それは主に子どもの心理療法と親面接を並行して行う

「並行面接」モデルとして普及してきたように思われます。そこには，いわゆる「親ガイダンス」的な面接，すなわち子育てに関する助言指導的なものから，親の心理療法に至るまでかなり多様なスタンスが混在していたように思われる一方，治療構造的には「並行面接」的構造が比較的一律に守られがちであったように思われます。子どものセラピストが親に会ったり，家族面接や親子合同面接や関係者も含めたミーティングに参加したり，積極的に連携や協働を試みたりすることなどについてはよくて消極的，悪くて忌避される傾向もあったように思われます。

ところが，今日，従来の「親子並行面接」モデルでは立ち行かないケースがますます増えているように思われます。まず，子どもの心理療法を立ち上げるためには，親が子どもの問題が何であるかについてセラピストと一定の合意に達し，そしてその解決法として心理療法を選択することに同意することが必須ですが，そもそもそれが難しい親が増えているという現実があります。子どもが明らかに心理的問題を抱えており，心理療法が有効だろうと判断できても，親が心理療法に同意しない限り，それは難しくなります。さらに，仮に心理療法をすることに同意し，始めていってもさまざまな子どもの養育上の問題が起こったり，家族関係が動揺したり破綻しかかったりする場合があります。親が心理療法に敵対的になるかもしれません。そして心理療法が中断されてしまうこともしばしばです。特に，心理療法を通じて子どもに変化が起こり，家族や親子関係の病的均衡状態が揺るがされるとこうしたことが起こりがちのように思われます。

こうしたケースが増えてきている背景には，家族の様態がよくも悪くも多様化するとともに，養育能力が不十分か不適切な親が増えていることがあるように思われます。そういう点で，子どもや青年に関わる心理臨床家の仕事の多くはこうした親の援助に向けられるのは必然かもしれません。と同時に，従来の親子並行面接モデルでは対処できない現実に遭遇する中で，新しい発想，新しい臨床モデルを必要とされているのです。

本書『子どもと青年の心理療法における親とのワーク』は，まさしく我が国の子どもと青年に関わる心理臨床家のそうしたニーズに応えられる本です。本書は，欧州精神分析的心理療法機構（EFPP）の下に集った児童青年精神分析的心理療法士が親との取り組みの豊かな臨床経験に基づいて書いた論考が集められています。EFPP は欧州各国の公的領域で働く精神分析的心理療法士のための傘団体であり，統一した訓練と資格の基準を持っています。EFPP に認定される子どもと青年の心理療法の資格を取得するには，理論学習やスーパービジョンの他に，乳児観察と個人セラピー・分析が義務づけられています。本書で語られている親とのワークはそうした訓練背景を持つ臨床家たちの実践であることには留意する必要があるかもしれません。精神分析実践の核は，人の無意識を知的に詮索することではなく，自分自身の身になってクライアントとともに考えていくことであることが本書の執筆者たちに共通するスタンスであることを確認したいと思います。

また本書に収められた論考の大半は公的機関における心理臨床の取り組みに関するものです。そうした点で，先に述べた我が国の同じ領域の心理臨床家の多くと同じような臨床の現実と取り組んでいると考えてよく，本書を紐解く臨床家に得るところが大きいと思われます。本書の執筆者には，この領域で世界的に知られたロンドンのタヴィストック・クリニックやアナ・フロイト・センターの心理療法士だけでなく，スウェーデン，スイス，フランス，ギリシャの心理療法士が含まれています。さらにその理論と実践のオリエンテーションも，クライン派，アナ・フロイト派，独立学派とかなりの幅があります。つまり，さらに，臨床領域も，自閉症を持つ子どもから性的虐待を受けた子どもまで実に多様です。本書に集められた論考の背景となる，文化風土も学派もさらに臨床対象にもかなりの多様性があるのです。

こうしたことを背景にして，本書には，子どもと青年の精神分析的心理療法のための親との取り組みという主題で執筆された優れた論考が集められています。そこには心理療法を立ち上げるための親とのワークはもとより，家族面接，親子同席面接，関係者との連携，親のグループ，親子心理療法など，親子並行面接以外のさまざまな実践形態が示されています。総じて言えるのは，対象や状況に応じて臨機応変に，そして創造的に介入のモードや提供するサービスを変えていくスタンスが共通していることです。それぞれの章には実際の事例素材が豊富に示されており，経験豊富な臨床家も，そして初心の臨床家も等しく本書を精読することで自分自身の実践と比較対照しながら多くを得ることができるでしょう。

今日の親とのワークに不可欠な姿勢である，こうした柔軟な姿勢や創造性は，先に述べたしっかりとした精神分析訓練と子どもと青年との豊富な臨床経験を基盤としているのではないかと思います。それは本書の執筆者が述べているように，親の中にある〈子ども〉の部分への理解に基づきながら，親ともに〈子ども〉について考え，経験から学んでいこうとする態度ではないかと私は考えます。そしてそれには，国境や学派，そして専門家とクライアントという壁はないことを本書は雄弁に示しているように思います。

本書は，子どもや青年の精神分析的心理療法において親と取り組む仕事をしている臨床家だけでなく，子どもや青年をケアをめぐって親を援助する実践に取り組む，全ての臨床家にお勧めしたいと思います。

謝　辞

本研究論文の作成に多大な貢献をしてくださった方々に心から感謝しています。まず，著者の方々のご協力に大変感謝しています。また，本文や参考文献の修正をしてくださったフィリッパ・マーティンデール氏と，最終校閲をしてくださったエリック・キング氏，編集委員の方にもお礼申し上げます。アドバイスやサポートをしてくださったカルナック・ブックス社のチェーザレ・サーチェルドッティ氏，アシスタント業務をしてくださったメアリー・クリティコウ氏とゼッタ・イリポーロー氏にも感謝しています。最後に，スウェーデンのストックホルム州議会内のスペシャルケア部の研究，開発，研修部門の方々からこの研究論文集作成にあたり寄付をいただき，欧州精神分析的心理療法機構として，心よりお礼申し上げます。

ジョン・ツィアンティス John Tsiantis

1999年6月　アテネにて

著者紹介

アタナシオス・アレクサンドリディス（ギリシャ）

精神科医，児童精神科医であり，フランスで精神医学と精神分析のトレーニングを受け，のちに公的機関で働いた。サロニカ大学哲学科で博士号を取得した。現在は，自閉症をもつ子どもと精神障害をもつ子どもを対象としたペリヴォラキ心理療法部門で精神科医・精神分析家として勤務している。主な研究や臨床の対象は，子どもと成人の精神病についてであり，幼少期の精神病理に関する著書をフランスとギリシャで出版している。

ベルナード・クラメール（スイス）

ジュネーヴ大学で医学を学んだ後アメリカに移り，10年間乳児に関する研究に取り組み，ニューヨーク精神分析研究所を卒業した。1970年にはジュネーヴ大学クリニック児童青年精神科を設立し，教授として勤めた。主な研究は，母－乳幼児心理療法の構造内における親子のコミュニケーションである。

マリアンヌ・エンゲルス・フリック（スウェーデン）

ロッテルダムでトレーニングを受けたソーシャルワーカーであり，ストックホルムのエリカ財団法人で児童青年心理療法士として働いていた。

現在，ストックホルム州内にある子どもガイダンスクリニックのスーパーバイザーであり講師も務めている。1997年までスウェーデン児童青年心理療法協会の会長であった。心理療法におけるオランダ式教育や，子どもガイダンスクリニックへの心理療法的環境の必要性について発表した。

ヴィヴィアン・グリーン（イギリス）

ロンドンにあるアンナ・フロイト・センターの臨床トレーニング部門の部門長であり，イタリアのパドゥア大学心理学部の専門修士学コースの客員教授でもある。大学の臨床トレーニングプログラムをスーパーバイズしており，教鞭もとっている。ゲヌートシャップ（オランダの精神分析研究所）で児童精神分析トレーニングを開発し，研究所所属メンバーへのスーパーバイズも行っている。また，ダブリンのトリニティカレッジで教鞭をとり，プラハとパリのアフルレッド・ビネー・センターで論文も発表している。

アン・ホーン（イギリス）

ロンドンの英国心理療法士協会で児童青年心理療法士としてトレーニングを受け，1994年から1998年まで同協会の児童青年心理療法トレーニング部門の部門長を務めた。また，モニカ・ラニャド氏とJournal of Child Psychotherapyの前共同編集者となり，The Handbook of Child and Adolescent Psychotherapy: Psychoanalytic Approaches[注1)]の編集に携わっていた。現在，ロンドンのポートマンクリニックに勤務し，近刊予定のポートマンシリーズ誌の共同編集者でもある。

ディディエ・ウゼル（フランス）

現在，フランスのカーン大学の児童青年精神科の教授であり，フランス精神分析学会の正会員である。これまでにさまざまなクライン派精神分析

注1）『児童青年心理療法ハンドブック』（2011年）平井正三，脇谷順子，鵜飼奈津子（共監訳），創元社．

家と共にし，特にパリではジェームス・ガミルと，ロンドンではドナルド・メルツァーやフランシス・タスティンと共に研究をしていた。また，ディディエ・アンジューと協働で心的エンベロープに関する論文を発表し，自身では自閉症と児童期精神病に関する精神分析的論文を発表している。

オルガ・マラトス（ギリシャ）

ジュネーヴ大学で学び，ジャン・ピアジェのアシスタントをしていた。ジュネーヴのベル・エア・クリニックとロンドンホスピタルの児童精神医学部で臨床トレーニングを受けた。臨床心理士，精神分析家（ギリシャ精神分析学会所属）で，アテネ大学の教授である。また，児童心理療法士でもあり，自閉症の子どもと精神病の子ども専門のペリヴォラキ心理療法科のサイエンティフィックディレクターをしている。新生児と早期の精神発達，母－乳幼児の交流，早期の精神障害，に関する論文を英語とギリシャ語で多く出版している。

ジリアン・マイルズ（イギリス）

ロンドンのタビストック・クリニックの児童と家族の健康部門で，ソーシャルワークのシニア臨床講師をしており，成人心理療法士である。

マーガレット・ラスティン（イギリス）

ロンドンのタビストック・クリニックのコンサルタント児童心理療法士である。タビストックでトレーニングを受けた後，1971年からシニアスタッフとして働いている。1986年にはタビストック児童心理療法トレーニング部門のディレクターとなり，1993年にはクリニックの大学院学長に選ばれた。マイケル・ラスティンと共同で，Narratives of Love and Lossを出版し，Closely Observed Infants and Psychotic States in Children（タビストックブックシリーズ）を編集した。

ジョン・ツィアンティス（ギリシャ）

児童精神科医，精神科医，精神分析的心理療法士，であり，現在アテネにあるアギア・ソフィア子ども病院のアテネ大学メディカルスクールで，児童精神科の教授と児童精神医学部のディレクターをしている。ギリシャ児童青年期精神分析的心理療法学会の設立メンバーであり会長でもある。また，欧州精神分析的心理療法機構の設立メンバーでもあり，副会長であった。これまでにWHOやEU，その他さまざまな国際機関でコンサルタントとして働いてきた。公共機関で精神分析に基づいた子どものためのメンタルヘルスサービスの開発に力を入れており，主な研究には，プライマリーヘルスケアサービスにおける子どものメンタルヘルス促進プログラムの開発や，子どもを対象とした精神力動的心理療法の評価などがある。

まえがき

マーガレット・ラスティン（*Margaret Rustin*）

EFPP[注2] の研究論文シリーズに親とのワークに関する本書の刊行が決まったことは非常に悦ばしいことです。親とのワークは臨床実践において重要な事項であるという考えが軽視されてきたことが是正され，家族へのより体系的な介入を考えていく方向が進むでしょう。本書における著者の幅ゆきは，この分野に関する刊行物の少なさを表していますし，このワークには多くの専門的性質があることがわかります。協力してくれた著者には，児童と成人の精神分析的心理療法士，ソーシャルワーカー，精神科医，精神分析家が含まれます。専門家は，自身の専門分野内で学術的な議論を行い刊行物を頻繁に出版しています。そのため，本書でヨーロッパ各地における子どもと家族との精神分析的なワークのさまざまな発展を紹介できるのは非常に光栄なことです。

それぞれの章で理論上の論点やかなり多くの実践，また興味深い刷新的な方法にも触れています。

4つの章で親との幅広いワークについて説明をし，そのうちの2章（ラスティンとグリーン）では世界的にも有名な子どもの心理療法のトレーニングセンター（タビストック・クリニックとアンナ・フロイト・センター）にお

注2）訳注：精神分析的心理療法機構 The European Federation for Psychoanalytic psychotherapy.

ける最新の考え方を紹介しています。重複する点は多いものの，臨床例や考察はこの二つのセンターにおける精神分析理論の強調点の相違を示しています。ラスティンは子どもの治療と並行して親のパーソナリティの中にある幼児的な側面に関心を持っていますが，グリーンは実際の子ども自身を強調している点でも，二者の間の相違がわかります。3つ目の英国の貢献（ホーン）は，家族とのワークと，「ほど良い」子育てが重要な論点となり得る複雑な関係性について論じています。また，親との斬新な「パートナーシップ」（精神分析における「治療同盟」とはまったく異なるものである）に言及し，時代の変化に応じた独創的で柔軟な実践例を紹介しています。スウェーデンのフリックの貢献としては，親の心理療法に関する理論を見直し，親担当ワーカーの重要な役割として，子どもの外的環境をモニターすることを強調している点があります。カップルとして，もしくは個別でなされる親への心理療法がどの程度子どもと家族への支援に含まれるべきかについては，著者により見解が少し異なり，同様に心理療法を行うのに必要なトレーニングについても見解が異なります。

3つの章では特殊な臨床上の介入について述べています。マラトスとアレクサンドリディスは，心理療法のためのデイユニットに通っている重篤な精神状態の子どもに対するトータルケアの一環としてなされる，家族とのワークを説明しています。彼らの混合モデルでは，親の協力を確保し，援助や変化を望む親の意識的な希望から取り組みをはじめ，進歩が維持されなければ問題点に取り組むことを強調しています。特に家族の生活でリズム感を取り戻すことに取り組んでいます。ウゼルの章では，自閉症をもつ子どもの親とのワークについて少し異なるアプローチを紹介しています。特別な治療同盟を構築する共同セラピストとしての親というモデルを主張しています。ワークにもたらされるウゼルの幅広く豊かな経験は，彼が主張するモデルが非常に明確であることにも示されています。そして，そのモデルには改善し始めた自閉症の子どもの親が経験する，逆説的抑うつへの深い理解も含まれています。この章では支援の例が示されており，明確に述べられた治療モデルとその特質は一貫しています。そして，理論と実践の密接な結びつきには説得力があります。クラメールの章では，母－乳幼児心理療法について，独自の介入方法が述べられています。そして，介入の目的と技法に関して明確かつ詳細に説明されています。クラメールは産後期には短期集中的介入が最適であると述べており，これは親―乳幼児とのワークに関する他の著者の見解とも一致しています。心理療法士がもつ「同時課題 double agenda」，つまり，母親と子どもの両方への注目に関する記述によって，選択的な注目についての根拠がどのように集められたかが明確になっています。重要ではありますが，ここでは取り上げられていない問題は，早期の母子関係における父親の位置についてです。

マイルズの章では，性的虐待を受けた女児への期限つき精神分析的心理療法と親／保護者への並行したワークに関する臨床研究プロジェクトの報告をしています。ここでは，親が経験するさまざまな困難と，娘の虐待発覚により浮上してくる世代間の問題を探求する親のサポートとして個別（もしくはカップル）のワークをする必要性を強調しながら，わかりやすく説明がなされています。さまざまな臨床例を用いて，家族が感じる痛みやストレスの程度や，親とのしっかりとしたサポートと構造に基づいたワークの必要性が描かれています。また，家族と関わる専門家にも必要なサポートについても注目されています。

本書について伝えたいことが３点あります。まず，本書には多くのさまざまな臨床事例が紹介されており，臨床家にとって非常に貴重であり，トレーニングにも有益なものになるということです。次に，支援の発展という含みがあるということです。政治家が子どものメンタルヘルスに力をいれているにもかかわらず，親との適切なワークを行うための資源が不足しがちです。最後に，本書には多くのセンターで何年もかけて発展してきたことが記録されているということです。すべての著者は，親との精神分析的なワークの妥当性と価値を信じており，そこから生じる回復力や生命力を証明しています。

目　次

序　　章

ジョン・ツィアンティス（*John Tsiantis*）

本書の着想は，EFPP の会員とギリシャ児童青年精神分析的心理療法協会会員が協働し，協議して生まれたものである。そうした協働と協議を通して，とりわけ公的機関において，特に個人精神分析的心理療法で子どもとのワークをなす際には，子どもと家族という設定でなされる親とのワークを厳密に考察する必要があることが確認された。親とのワークは，子どものアセスメントの診断段階から精神分析的心理療法プロセスに入る段階までの全行程において重要なのは明らかである。親とのワークの先駆者としては，ウィニコット（Winnicott），フライバーグ（Fraiberg），ファーマン（Furman）が知られている。また，親であること parenthood を個人のライフサイクルにおける発達の一つの段階として考察しているベネデク（Benedek）の見解もよく知られている。親とのワークに関する体系化された文献はあまり多くはないように思える。加えてこの 20 年で，子どもと家族という設定において親とのワークの方法に変化が生じている。英国や他の国において，親と会うのは伝統的にはソーシャルワーカーや精神保健福祉士であり，子どもは児童心理療法士が担当していた。

しかし徐々に多様な変化が生じた。そうした変化には子どもの発達理論の発展，ソーシャルワーカーの訓練システムの修正，欧州各国での保健制度事業の構造の変更，ソーシャルワーカー以外のメンタルヘルスの専門家が行う精神分析を基盤としたワークの発展，治療法としての家族療法の発展が含まれる。これらの変化は，先述したような親とのワークの伝統的なモデルを変えていった。さらに今日の家族は，家族の崩壊，困難な社会的経済的環境，移住，疎外感，国を追われることによってさらにダメージを受けていると思われる。これらの要因は子どもたちの早期の生活に外傷的な経験を引き起こし，それは子どもたちのケアにかかわる専門家のシステムや組織の中で再演される。このような場合，親ワーカー自身が“ほど良い”親であり，統合機能を保ち，関係機関や関係者のネットワークの中で作用している無意識のメカニズムを言葉にすることができなければならない。そうすることで子どもの心理療法を保護し，同時に養育者たちの考えの中に子どもや子どものニーズを最優先するよう努めることができる。今日，ニーズをもつ子どもたちが，社会心理的サービスの不足，役所の手続き，子どもと成人のメンタルサービス間の競合や両者のコミュニケーション不足，司法制度といったものの犠牲となっているのは問題である。すべての公約や尽力が子どもたちとその家族のニーズに応えるためになされているにもかかわらず，そうした問題が存在する。こうした事態は，サービスの発展についてだけではなく，子どもと青年の心理療法士の訓練プログラム，もっと広く言えば，子どもや青年とその家族と関わるメンタルヘルスの専門家の訓練プログラムの作成において特に必要とされることについて，問題を提起している。本書が文献の発展をもたらし，同時に公的機関で子どもや青年，親との仕事に携わっている専門家に役立ち，参考になることを私たちは望んでいる。

本書は臨床に基づいて，欧州で用いられている多様なアプローチを紹介している。第1章でマーガレット・ラスティン（Margaret Rustin）は，短期，あるいは長期の心理療法を受けている子どもの親になされているワークを主に4つのカテゴリーに分けている。

1. 子どもの心理療法を保護し，維持することが主な目的である親との支持的なワーク。

2. 親機能をサポートするための親とのワーク。言い換えると，子どもの行動や関係性の意味を理解するために援助を必要としている親，また，さまざまな困難な生活環境[注3]に帰する多大なストレスへの対処に苦闘している親とのワーク。
3. 家族機能の変化に焦点を当てた親とのワーク。これにはカップルセラピー，家族内関係に関する個人心理療法や家族療法が含まれるだろう。
4. 一方の親，あるいは親双方との個人心理療法。これは，もともとは子どもについての心配から紹介されてきた場合も含む。

これらの異なるタイプのアプローチは連続体を成し，子どもと家族の設定でどのアプローチを選択するかは繊細な事項であり，専門家の臨床アセスメントが必要である。図式的ではあるけれども，このカテゴリー化は，なされるべきワークのタイプについて考える基盤となるだろう。アプローチは，子どものニーズに基づいているだけではなく，親の協働できる能力にも基づいている。親の脆弱性や，提案された水準でワークができる親の能力をアセスメントすることも重要である。ラスティンは，親の幼児的部分（infantile part）への調律が重要だと強調している。それを通してワーカーは，取り組むべきである大人の機能や親機能の混乱に近づくことができる。このような理解のためには，親ワーカー側に適切な訓練が必要であり，同様に，ワーカーが自身の個人心理療法を経験する必要がある。これについては臨床素材を通して検討される。ラスティンが述べているアプローチは，ロンドンのタヴィストック・クリニックにおける典型的な実践方法である。ワーカーが重層的にワークを実践できるためには，ワーカー自身の心的生活の無意識的側面についての理解や，転移－逆転移現象の理解について十分な訓練を受けていなければならない。当然のことながら，今日の欧州で一般に行われている親とのワークの傾向を記録しておくことも興味深いことである。そうした調査を

注3）家族の病気，経済的問題，障害，離別など。

行う目的の一つは，少なくとも公的機関において子どもと家族の設定で親とのワークを行う専門家の受ける訓練を改善することである。

第2章でヴィヴィアン・グリーン（Vivian Green）は，親とのワークの目的を提示している。グリーンによると親とのワークの大きな目的は，親が親ワーカーと協働して，子どもの心理療法の変遷や逆境を切り抜けていくことの他に，親に心理療法プロセスの進展に協力するのを促すことである。そうすることで親は子どもを理解することができ，子どもの特殊なニーズに応えることができる。しかしグリーンが記しているように親であることは，ファーマン（Furman, 1966）が定式化したような発達の一側面であるとの認識を前提としている。それは，子どもの成長に比して，親がどのくらい自分たちの発達を維持し成長できるかをワーカーがアセスメントする必要性と一致している。言い換えれば，親とのワークの目的は，親であることに関する重要な事柄の理解を促すことであり，子どもの発達段階特有のニーズに沿って，その時々に必要なさまざまな能力を求めることである。こうした能力の中に含めるべきものには，子どもは親に依存し愛着する存在であると同時に，親とは別個の発達している個人であると認識する情緒的な能力がある。グリーンは臨床例を通して，親とのワークの理論的特徴を述べている。そこでは，親が心の中にどのように子どもを抱いているのか，親の心の中にどのような子どもが保持されているのかをワーカーが理解することが必要だと強調している。このことを理解することは，親が親であることの発達的側面の能力をどの程度もっているかを知る目安になる。親自身の防衛や親の心を占めているものがその能力に影響を与える場合があるために，親は一貫して，かつ長期的に自分の子どもに注意を向けていく必要があるからである。親の心理療法士の目的は，親に治療的な空間を提供することを通して，親の心の中にある子どもを再創造するのを助けることである。もしこれが成し遂げられれば，親心理療法士，あるいは親のワーカーは心の中で，複雑な相互関係をもつ親子関係を第一に認識し，想像することができ，このことは非常に重要である。すると当然のことながら，転移や逆転移現象についての親担当者の理解に関する問いが生じてくる。また，技法や訓練や親の心理療法士のパーソナリティについての問いも生じてくる。明らかに，いくつかのケースでは，転移や逆転移の現象が理解されるだけで十分であり，その現象に関する解釈をしなくても，そうした理解が親担当者の治療的態度や治療実践を特徴づける。アプローチは異なるが，グリーンの章がラスティンの考察と似ているのは興味深い。そこでは親とのワークの複雑さや親への対応に必要な治療的感受性が示されている。とりわけ，ある時点では，子どもとの関係に関して，現在の親の対応に焦点が当てられることが必要であり，別の時点では，成人の心理療法でなされるように，過去についてのさらなる探索に焦点が当てることが求められる。グリーンは，心理療法士が親と子どもに同時並行的に会う場合の転移の展開に関する問題も論じている。

第3章でアン・ホーン（Ann Horne）は，親とのワークの主な目的は，親が自分の子どもを心の中に保持できるよう助けることであると主張している。ホーンのアプローチは，多面的であり，柔軟であり，豊かな臨床素材が記述されている。ホーンは，子どものニーズや子どもを援助したい親の欲求や期待から生じるさまざまな状況での親とのワークの多様な側面を提示している。並行して，親の抱える問題が親の過去，親の現在の人間関係，子どもの困難さから生じているかもしれないということ，そして，環境や子どもの養育に含まれる幅広いネットワークに端を発するものにも焦点が当てられている。ホーンは，これらの要因が子どもや親とワークする心理療法士の治療的介入に与えるかもしれない影響力を考察している。そして，このような事象の理解が，子どもの精神分析的な個人心理療法のレベルや，親や子どものネットワークへの治療的介入のレベルに関する解釈を促進し得ると述べている。

ホーンが明記した多様なアプローチは，次のような臨床例と共に示されている。

1. 精神分析的心理療法士が，子どもとの心理療法を始める前段階として親に会う場合。

2. ドロシー・パインズ（Dorothy Pines）が述べているように，親とのワークのある側面は，親が心の中に子どもを保持するのを促し，親自身の子ども時代の経験と子ども自身のニーズや行為とを区別するのを助けることである。これは必要なワークであり，予めそうしておかないと，子どもの心理療法の提案が受け入れられなかったり，子どもが心理療法に参加しなかったり，心理療法が早い段階で破綻する可能性がある。
3. 心理療法士が子どもの心理療法と並行して親に会う場合。

3については，グリーンとラスティンが詳細に論じているように，5歳以下の子どもによく適用される。このような技法は，一般に親がほどよく成熟し，統合されていて，地に足がついているときに提示される印象がある。この技法は，心理療法の経過の中で心理療法士が親と関わりをもつ振り返り面接[注4)]とは別なものである。もちろん，振り返り面接のタイミングは，子どもの心理療法の段階やプロセスを考慮して行うべきなのは言うまでもない。著者は，親とのワークを「パートナーシップ」，つまり創造的なパートナーシップとして発展させる必要性も述べている。実際，このパートナーシップを構築するために心理療法士は，親心理療法士（親担当者）のもつ創造性や完璧な心理療法士 - 母親と子どもに向けられる羨望，および子どもの心理療法士に対する親の羨望との二重の羨望をコンテインする必要がある。パートナーシップの目的は，（「ほど良い養育」という意味で）子どもだけではなく，子どものケアに携るすべての関係者（学校，社会福祉サービスなど）に対して親機能や自我のスキルの肯定的な面を強化し，支持することであるのは自明だと思われる。言い換えると，とりわけ公的機関においては，親担当者や精神分析的心理療法士に必要とされるのは，子どものケアに携わる関係者，つまりソーシャルワーカーや教師，里親も含むより広いネットワークと一緒に

注4）訳注：おおよそ学期に1度の頻度で，親と子どもの心理療法の担当者との間で行われる。子どもの心理療法における進展や家庭での子どもの変化，子どもの心理療法の継続についてなど，親と心理療法士とで共有し，話し合う機会である。

適切に協働することである。このようなやり方のさらなる調査研究がなされるべきであり，それによって，欧州での子どもと家族の設定に応用できる根本方針が提案できるだろう。

第4章では，マリアンヌ・エンゲルス・フリック（Marianne Engelse Frick）が親心理療法のいくつかの理論を提示している。子どもの心理療法と親心理療法の必要条件について最初に取り上げ，子どもの心理療法プロセスに参加するに当たっての親の動機を扱うことを特に強調している。そこには，親自身の心理療法への関わりも含まれている。このことは，親担当者が，親自身の意識的，および無意識的動機と共に子どもの心理療法の実現への無意識的な妨害や障害を理解するよう親を援助することを示唆している。エンゲルス・フリックがとりわけ関心を持つのは，子どもの発達が進んでいくことを促す環境を親が再創造するのを助けることである。親の心理療法士の仕事として，子どもの外的環境をモニターすることの重要さが特に強調されている。しかし，心理療法士が，親自身の無意識的葛藤や問題をワーキングスルーして親を援助することもまた重要であると認めている。たとえこの目的が，子どもの心理療法の開始や継続に親が干渉するのを防ぐことであるにせよ，必要な限りはなすべきだと考えている。興味深いことに，エンゲルス・フリックはスウェーデンの公的機関では，心理療法は週に1，2回であり，他の欧州諸国でも同様だと記している。しかし，週に1回と2回の頻度には有意な差異があることに留意しなければならない。したがって，子どもと青年の精神分析的心理療法士の訓練のための個人心理療法に同じモデルを適用するならば，低頻度の個人心理療法しか受けていない場合，子ども，青年，親とのより深いワークは行いにくくなる可能性がある。そのため，外的環境をモニターすることを強調しているのであろう。これは，内的環境をモニターすることも同様に重要であるとする英国の（そして他国の）伝統とは対照的である[注5)]。そして著者は，ベネデクの理論に特に注目しながらいくつかの

注5）監訳者註：心理療法の頻度が少ないために，外的環境のモニターが大事だとしているという意味である。

親の心理療法の理論を提示している。ベネデクは，親であることを個人のライフサイクルにおける一つの発達段階として見ている。それに加えて，早期の理論を補ったり言い直したりしている他の理論的立場も提示している。エンゲルス・フリックは，親が治療の中で経験する恥と罪悪感という情緒の重要性を強調している。そして恥と罪悪感の相違を説明し，それらを理解することはきわめて重要だと述べている。精神分析理論，特にウィニコットによると罪悪感は，個人にとって償いの原動力であり，親と心理療法士との治療同盟の構築を促進するものである。一方，恥の感情がある場合には，親は捕らわれて身動きがとれないと感じ，抵抗が生じ，治療同盟を確立するのはより困難になる。最初に心理療法士が取り扱うことの一つに，子どもが心理療法をすすめられたことについて親がどのように感じているかということがあげられる。これは必要不可欠で非常にデリケートな問題でもあり，そうした感情を理解することが，子どもの心理療法を開始し，継続させるためには明らかに重要である。本章には親とのワークの臨床例が多く含まれており，そこでのやり方の例は，親の心理療法士や子どもの心理療法士，そしてそれを学んでいる学生にとって役に立つ。

第５章では，オルガ・マラトス（Olga Maratos）とアタナッシオ・アレクサンドリディス（Athanassios Alexandridis）が，発達早期に重篤な精神病理を示す子どもの親とのワークについて述べている。このワークは，精神分析的な訓練を受けた２名の心理療法士の経験と，自閉的な子どもやサイコティックな子どもの精神的，情緒的な機能の諸問題について熟考したことに基づいている。二人は，このような子どもとのワークの重要な目的は，子どもの症状の意味を理解することと，子どもの精神的，情緒的な機能を理解することだとしている。また，サイコティックな子どもの心理療法に対するより包括的なアプローチに親が関与する重要性と，親と心理療法士との間の治療同盟の重要性を強調している。親の深い無意識的な心の動きや空想が，治療セッティングに子どもが関与することにどのような影響を与え得るかを臨床例で示している。著者たちは，サイコティックな子どもたちの心理療法においては，専門家の情緒的な反応や関わりを見ていくという精神分析的なアプローチはとても助けになるものだと結論づけている。

第6章ではディディエ・ウゼル（Didier Houzel）が，患者と他者間の病理的な関係性の理解をめぐる学派間の考えの隔たりは，自閉症の子どもと親の関係の例に見られるように，歴史的に正確には解明されていない空想の関係性の存在によって生じていることを論じている。こうした誤解の結果，子どもの精神病理は反応性のもので，トラウマに基づいたモデルを精神分析は取っているにすぎないとされてきた。自閉症との関連で言えば，学派間の相違は，カナー（Kanner, L.）の1943年の論文とその受け止められ方にその起源があると著者は考えている。ウゼルはカナーの結論に疑問をもち，子どもの困難な状態や自閉状態は親の責任ではないと簡潔に述べている。

ウゼルは，自閉的な子どもの親との心理療法士のワークは，親が子どもの症状の意味についてあれこれと推測し，意味を探索するのをサポートすることだとも述べている。ウゼルは，親と行う心理療法士のワークの次のような側面を考察している。治療同盟，情緒表現の理解や読み解き，子どもの進歩の評価，ウゼルが親の逆説的抑うつと見なしているもののワーキングスルーといったことである。

ウゼルは臨床例を通して，親との間にどのように良い治療同盟が確立し得るのか述べている。同盟は，少なくとも親子「合同」面接を含む数回の予備面接の間に確立され得ると主張している。他の臨床例では，自閉的な子どもの情緒表現を読み解く方法を記述している。ウゼルは，自閉的な子どもは感情表現や他者との共感を示すことができないという心の理論の概念に基づいた仮説には同意していない。また，自閉的な子どもは自身の感情の苦闘の中に閉じ込められているように思えると述べ，その感情は，無いのでもなく，取るに足らないものでもなく，実際には非常に強力なものであると考えている。親とのワークでは，親に共同治療者役を割り当てて，エスター・ビック（Ester Bick）の方法である乳幼児観察を適用するアプローチを試みるべきだろうと述べている。このようなアプローチのもとで，心理療法士が，週に

1，2回，1時間の家庭訪問をすることも可能である。

子どもの進歩を評価する場合，これからなすべきワークを検討し，なされてきたことをその調整をはかるために定期的な面接は重要であるとウゼルは強調している。標準発達からは離れて，子どもの改善したコミュニケーションや心的機能の徴候を見ていくことが必要なのである。親とのワークでウゼルはある精神状態があることに気づき，「逆説的表現」という用語を造った。そして，自閉的な子どもと親とのワークにおいてこれがどのように理解され，用いられるのかを述べている。全般的に，ウゼルの章は非常に幼い自閉的な子どもやその親と行う革新的なワークの方法が見事に描かれている。

第7章では，バートランド・クラメール（Bertrand Cramer）が，乳幼児に機能的な混乱をもたらすような葛藤的な乳幼児－親関係に焦点を当てた母親と乳幼児の心理療法のモデルを提示している。

この母親－乳幼児心理療法のモデルの目的は，子どもとの関係における葛藤の焦点を解きほぐすことである。これは，親のパーソナリティ全体も関連するような系統的な心理療法にまでは拡げず，結果として短期であり，母親が重大な病理を有していないケースで用いる。クラメールはさまざまな臨床ケースを提示しており，乳児についての予測を特に強調している。この予測には，成人の精神機能の中にある母親表象に関する重要な情報が含まれていると見なされている。この表象は母親自身の空想や願望と，あるいは，母親自身の人生における重要な人物の表象と密接につながっている。クラメールのワークにおいては，古典的な短期焦点づけ心理療法で行われるように，心理療法士は焦点となる中心的な布置を積極的に探すとしている。中心的な布置は母親－乳幼児の相互作用から生じる。焦点そのものは，主には投影同一化のプロセス，そして産後の時期に母親が陥る特別な状態に基づいて定められる。そうした時期に母親は，退行的な同一化を経験することがあり，肯定的な力に駆り立てられて赤ちゃんと前向きで保護的な関係を作ることもある。母親の肯定的な力，そして赤ちゃんを守り育みたいという強い動機（それによって，意識的，無意識的に母親は赤ちゃんに同一化できる）は，ウィニコットの原初的な母親の没頭と等しく，この時期には強力である。明らかに,クラメールは母親の人生における非常に繊細な時期をうまく使っている。母親／乳幼児の心理療法士には，特別な訓練経験，特別な才能だとも言い添えたいが，それが要求されるように思える。そうした心理療法士には，本章で論じられているアプローチに関する特別な訓練だけでなく，成人と子どもの心理療法の十分な訓練がとりわけ必要である。こうした理由から，このアプローチは早期の母親―乳幼児の精神構造，母親―乳幼児の関係性と葛藤への理解を深めていくのに非常に重要であるが，ヨーロッパや他の地域の公的な保健事業で適用していくのは容易ではないだろうと思える。

この種のワークで興味深い点は，エビデンスに基づいたワークという原則に則って，生じる治療プロセスを研究できることである。

第8章は，性的虐待の経験があり，期限設定の個人心理療法や集団心理療法を受けてきた子どもたちの親と行う親ワーカーのワークについてである。ジリアン・マイルズ（Gillian Miles）は性的虐待という行為によって子どもたち，そして母親たちに喚起された複雑な感情，さらに虐待をしていない親（本論では，男性加害者による少女への虐待のみを扱っているので親は母親を表す）の内的世界に虐待が与える衝撃について述べている。

いくつかの例を通して，マイルズはトラウマ，家族史，子育て，家族，文化に関連した幅広い論点について述べている。そうした論点には次のものが含まれる。

1. 虐待していない方の親のトラウマ。
2. 虐待している父親への少女のアタッチメント。
3. 結婚生活や虐待している父親との関係を維持することにまつわる母親の葛藤。それによって，母親は子どもが被ったトラウマの程度とそれに付随する不安や苦痛を認識するのが難しくなる。
4. 子どもたちの母親自身が自分の親や他の人たちから世代間連鎖的な虐待を受けていたかもしれないという事実。

5. 母親自身の人生において安定していて信頼できるアタッチメント対象が欠如している場合，子どもに対して母親が安全な基盤を提供することの難しさ。
6. 性的に虐待された子どもの挑発的な行動の存在（性的な行動や極度の引きこもり，自尊心の欠如）。
7. 虐待があった家族によって，強力に投影される感情の結果として，親のケアワーカー[注6)]の中に喚起される逆転移感情の理解と取扱い。
8. 性的虐待はワーカーの中に苦痛な感情を引き起こし，考える能力を低下させることがあるため，スーパービジョンが必要だという認識。
9. 子どものケアや対応に関っているコミュニティネットワーク（ソーシャルワーカー，養護施設のスタッフ，里親，教師など）と協働する必要性。

マイルズは引き続いて，親のケアワーカーの役割がもつ治療的な性質を考察しており，子どもの継続的な安全の確保は当然ながら，子どもの治療と精神分析的心理療法的なワークの境界をワーカーの心に留めておくことの必要性を考察している。マイルズは親のケアワーカーは母親が母としての役割ができるようサポートし，性的虐待の告知によって生じるショックや絶望や混乱をコンテインしなければならないと述べている。母親にそうする強さがある場合には，親ワーカーの援助があることで，こうした情動と母親自身の子ども時代の剥奪，虐待，トラウマ体験をつなげて考えていくことができるだろう。マイルズが記述している親に対する期限設定の援助は明らかに重要であり，子どもの心理療法的なワークを促進できる。さらに言えば，このような母親たちの多くもひどい剥奪やトラウマを体験しており，自身が抱えるさまざまな問題を解決するために少なくともある程度の援助を受けてはいたのだが，長期の追加的な援助が必要であったことに疑問の余地はなかった。これは当然，公的な保健制度によって提供される援助の欠陥であり，さらには，

注6）訳註：本書では，親とのワークを行う専門家は心理療法士と限られていないため，多職種が想定されている。

ネグレクトや身体的，性的，心理的な虐待によって負わされた社会的および経済的苦境，トラウマ，剥奪といった背景をもつ家族に対する社会政策や救済制度の欠陥を反映している。

本書で扱っているテーマは欧州各国の専門家による長年の調査や臨床研究の成果である。この記録が，欧州で行われている子どもや家族に対する精神分析に基づいたワークのさらなる発展に寄与することを願う。同時に，子どもや青年の精神分析的心理療法を学ぶ学徒にとっても有益な手段として役立つことを願う。

2000年1月

第1章

親との対話

マーガレット・ラスティン（*Margaret Rustin*）

この章[注7)]では，タビストック・クリニックで現在行われている実践を概説していく。ここで取り上げるアプローチは，英国の保健サービスの，児童青年とその家族と関わるメンタルヘルスサービスにおいても重要視されている。さまざまなアプローチの概略を臨床例と共に説明していく。また，倫理的関心を提起し，親とのワークが子どもの心理療法士のアイデンティティにどのように包含されているのかを探求していく。

児童ガイダンス[注8)]における親とのワークの歴史

歴史的背景から始めるとわかりやすいだろう。かつて，子どもの心理療法士は，経験豊富なソーシャルワーカーと協働関係を築くことがあった（Harris, 1968）。幸運なことに，戦後の児童ガイダンスクリニックでは，とりわけソーシャルワーカーには，多職種協働の風潮があり，人間の発達や家族関係を精神分析的な考えに基づいて理解しようとしていた。ウィニコットの自身の病院での仕事に関する著書の多くには，多職種専門チームに関する

注7）本章に関する論文は1997年3月に子どもの心理療法士協会の年次大会で発表されたものに基づいている。

注8）監訳者註：子ども，親子の心の健康や発達支援を行う多職種で構成されている場，機関。

記載が含まれており，そうした多職種専門チームの中で，ウィニコットの理論が創出されていき，良い実践に関する諸基準が確立された。これは，保護・養育に特有の文化であった。

私が，訓練中および資格取得直後に担当した子どものケースは，そのほとんどが母親との長期間のワーク，もしくは夫婦関係に焦点をあてた長期間の両親とのワークがなされているものだった。精神保健福祉士は，親の不安への対処法を見つけていきながら，現実の子どもを心の中に留めておくスキルを持っていた（Shuttleworth, 1982）。精神保健福祉士の仕事は，ケースワーク（親機能をサポートするワークである）と心理療法の境界上に位置していた。心的葛藤がある証の源として転移が適切に用いられたが，それが表だって扱われることは稀であった。しかしながら，この時期，ソーシャルワーカーの訓練や専門的枠組みに大きな変革が生じ，このような臨床実践の形態は徐々に減退していった。1970年代後半には，人間関係の問題を考える際に，内的側面への関心は薄れ，家族療法がソーシャルワーカーの主な治療手法として注目されることとなった。子どもの心理療法士は，親とのワークをどうしていくか再考しなければならなかった。

子どもの心理療法士のアプローチ

このような環境の変化により，私たちの多くは，お互いのケースをサポートし合えるようにすべきだと考え始めた。親とのワークを長期間継続できなければ，子どもの心理療法が中断したり休みがちになるといったリスクを伴うことが頻繁に認められた。私たち以外に心理療法の必要性について，うまく説明できる人はいるだろうか？ そして，このような考えから，技法上の深刻な疑問が生じた。私たちは，ワークの主要な目的は洞察をもたらすことであり，転移や逆転移現象の観察や，無意識的素材の解釈といった精神分析的モデルを用いて仕事をするよう徹底して訓練されていた。しかしながら，このようなアプローチは必ずしも親にとっては適切ではないことや，受け入れられないことがあった。そのため，私たちは，対象関係の根本にあるパターンを，別の方法で観察することを考えねばならなかった。そしてまた，不安定な結婚生活，ボーダーラインパーソナリティ，成人の精神病的破綻のリスク，倒錯的な家族構造なども考慮せねばならないこともわかった。これらすべてのことに，児童青年との心理療法の訓練に基づく首尾一貫したアプローチをする一方で，新たな領域にも導かれた。私は，訓練という点でも，また臨床的な問題を熟考するという点でも，問題が十分に解決されたとは思っていない。親とのワークのセミナーに参加することは，タビストックの訓練では必須だが，親とのワークは実は非常に難しいものである。個人スーパービジョンがないことで，親とのワークとその重要さがあまり注目されないのだろうか？ 質の高いワークはなされているのだろうか？ このような不安があるため，子どもの心理療法士は，成人の心理療法士や分析家としての訓練に進む傾向があるのだろう。専門的スキルの向上を求めるのはそれぞれ理由があってのことだが，さらなる訓練を求めざるを得ないのは，子どもの心理療法士の実践において，成人とのワークの要素をどのように訓練していくかという点が解決されていないからかもしれない。

可能なモデル

親とのワークをあらためて概観し，私は4つの主要なカテゴリーを考えるに至った。最初のカテゴリーは，主な目的が，子どもの心理療法を守り，維持するために親のサポートを得るというグループである。2つ目のグループは，親が自身の親機能に対するサポートを求める場合である。このカテゴリーで発展していったのが，乳幼児をもつ親との短期ワークである。(Daws, 1989; Miller, 1992)。このグループには，子どもの行動や関係性について理解できないと感じている親，子どもの問題について理解を深めたいと思っている親，また，家族の病気，経済的問題，障害，死別などの非常に困難な生活環境に何とか対処しようとしている親が含まれる。こうした親たちは，親としての役割に関して，専門家と協働して取り組む必要性を感じているか，あるいは援助が必要だと感じている。3つ目のグループは，家族機能の変化がワークの主な目的であり，治療の一環として親がそれに同意している場合である。それには，夫婦心理療法，家族関係に焦点を当てた個人心理療法，家族療法など，さまざまなスタイルのワークが用いられる。最後のグループは，一方の親，あるいは両親に対する個人心理療法である。これは，子どもの問題から心理療法士との面接が始まった場合であっても，親自身が患者として心理療法を受けていく場合である。家族内の変化を目的とする心理療法も，精神分析的心理療法も，子どもの治療と並行して，もしくは単独で行うことができる。この分類は，あくまでも図式上のことで，臨床ケースではワークのタイプが状況により変化することを私は十分理解している。それでもなお，分類化することで役立つことがあるのではないかと思う。時には，この分類で，あるタイプから別のカテゴリーに移ったことを私たち自身が把握し，クラインアントにも明確にする必要がある。それは，アセスメントから継続的な心理療法へと移行するのと少し似ている。ワークが進行していき，当初とは異なる目的が今は適切だとなれば，それを知らせることで，技法の変更を同意し，何をすべきか混乱せずにすむ。事例を用いてこれらの点をさらに述べていく。

事例 1

最初に，子どもの心理療法のサポートとしての親とのワークについて説明しよう。直近の事例がありありと浮かんでくる。8歳の男の子の週3回の心理療法が始まろうとしていた。福音主義キリスト教徒である両親は離婚していた。両親は共に二人の子どもの子育てに熱心だった。その男の子は以前に1年間の子どもの集団心理療法を受けており，並行してなされた親グループに参加した母親は，そのグループのことを熱心に語った。母親は，自身の個人心理療法を求めており，週1回の面接が提供された。しかし，父親であるA氏にも個人心理療法が必要だった。両親の関係は悪く，令状や禁止令を何度も受けていたが，子どもたちの世話を分担するための現実的な努力はなされていた。A氏は躁鬱の兆候があり，深刻な自殺企図もあった。精神科医にかかっており，精神科治療の一環として何度かカウンセリングを受けたこともあった。A氏は，息子にとって，自身の存在が妻と同等とみなされることに非常に神経質であった。私がチューターをしているセラピストがその少年の心理療法を引き受けた時点で，私が引き継いだ分厚いファイルには，クリニックのスタッフへの不平不満を行政官長に送りつけたファックスも入っていた。私たちは，この父親に何をすべきだろうか？ トラブルになる可能性があったので，非常に明確なアプローチが最善だろうと私は判断した。私はケースコンサルタント（これは，タビストックでケースの臨床管理者に与えられている名称である）として，A氏に初回面接を行った。ここで私は，心理療法の進展を振り返るために子どものセラピスト（初めて集中ケース intensive case[注9] を担当する若い男性）同席のもと，学期ごとに会うことをA氏に打診した。もし，この間に何かあれば，私に連絡をくれるようにと伝えた。A氏は，初回面接では威嚇するような様相だったが（もし，息子の心理療法に関する決定から多少なりとも外されたり，不当な扱いがあれば，弁護士に相談するか関係当局に訴えることも辞さないと言っていた），実際は息子の心理療法に終始協力的であり，面接の送り迎えも母親と分担して行った。

多くの要因が考慮されるべきだと私は思う。第一に，この父親は，精神病を患っているからと除外されるのではなく，親としての責任を持つことができる存在だと認められていると感じる必要があった。第二に，以前のケースマネジメントがあまり明瞭でなかったことから，誰が何の責任を持つのかについてクリニックが明確な説明を父親に行う必要があった。第三に，上級スタッフがA氏をコンテインする役割を担うことだった。上級スタッフは，脅迫的な行為の可能性にも対応できるスキルを習得しており，家族からもクリニックのチームからも権威があると一目置かれるからであ

注9）監訳者註：週3回以上の頻度で行われる心理療法である。

る。心理療法士として，一般に私たちは，権威とは離れたところにいる。しかしながら，豊富な知識と責任感に基づいて専門家としての権威を追及する場合，それが適切な場合もあると私は考えている。これは不安定な親に対する最善のコンテインメントにもなり得る。

サポートを求める親

次に，サポートを明確に求めている親とのワークを見ていく。対照的な2つのケースを提示したい。両ケースとも自閉症児の親である。こうした子どもをもつ親は，子どもの福祉サービスのネットワークが複雑で，家族が特有の孤立感を抱きやすく，特別なニーズがあるケースであるということに言及しておくのがよいだろう（Klauber, 1998）。こうした子どもたちは，理解されづらく，社会生活に馴染みづらい。スー・リード（Sue Reid）とトゥルーディ・クラウバー（Trudy Klauber）（タビストック・クリニックの同僚で，自閉症の子どもをもつ家族とのワークに対して新たなアプローチに取り組んでいる）は，共通の関心事を話し合えるような親の会を学期ごとに開催し，このアプローチが効果的な結果に結びついた。親は，家族の問題や地域での問題に対処していくうえで，支えがあると感じていた。このグループは，ケースごとに行われている親との定期的なワークに付加的になされたものである。

親との支持的なワークを行う上で，事例を2ケース用いて検討していく。1つは，子どものセラピストが，親のワークも行うケースである。これは学期ごとの振り返り面接[注10)]の延長とみなすことができ，親が別のセラピストを敬遠しがちなときに用いられる。もちろん，人材が限られている状況では，それが唯一の選択肢ということもあり得る[注11)]。紹介されてきた子どもがサ

注10）者註：子どもとの心理療法において，おおよそ学期に1回の頻度で行われる保護者との振り返り面接。そこでは，心理療法の進展，子どもについての理解，家庭での子どもの様子などが保護者と心理士の間で共有される。

注11）監訳者註：たとえば心理士が一人しかいない職場の場合等が考えられる。

イコティックだったり，自閉症だったりする場合，親が子どものセラピストと密接な関わりを持ちたいと思うのも当然である。親が子どもの不可解な行動を理解できるようにしていけるのは子どものセラピストであり，不可解な儀式的行動や爆発的な癇癪を少しでも理解できれば，子どもへの対応が幾分か容易になる（Tischler, 1979）。

事例2

サイコティックな少女ホリーとの心理療法は，彼女が13歳の頃から9年間に渡り，私が行った。私が両親とのワークを引き受けたのはやむを得ずであり，開始後すぐに，両親に定期的な面接を提供するために同僚を紹介すると申し出たほどだった。しかしながら，両親とのワークは，実際には実りあるものとなった。重い病気の娘とのワークに真摯に取り組む私に，両親が信頼を寄せはじめ，ホリーの行動や関わり方を読解できるだろうと期待を持ち始めた。また，ホリーの病気がいかに家族にとって負担であるかということを認め共感していくことで，両親の防衛が少しずつ揺るぎ始めた。特に母親は，これまでの専門家との関わりでは，ホリーの自閉症を責められているように感じていたと述べた。事実，ホリーの幼少期に，子どもではなく母自身の不安が問題であり，精神医学的治療が必要なのは母自身だと告げられていた。母親は，私がホリーの苦しみを理解していると確信し，また，ホリーに寄り添ったり責任をもって関わったりすることがどれほどつらいことなのかを理解してもらえているとも確信し，それが私への信頼を深める基盤となった。

ホリーの治療の間，学期に一度，あるいは時には二度，両親との面接を行った。時には，両親の要求によって，ホリーを支援している他の専門家が面接に加わることもあった。たとえば，ホリーが18歳の時には，施設入所に関して援助を行うことになった地域当局のソーシャルワーカーが面接に加わった。後にホリーがその地域に居住を移した時には，そこの施設長である修道女が，（彼女には良識があり，問題を抱える青年の良い部分に寄り添うことができる人である），両親との面接に何度か同席した。このような時，両親は，他の専門家がホリーの人柄を的確に把握できるようにする通訳者として私を見なしていた。両親はまた，私が現実に言及するのを厭わないことも評価していた。両親は自分たちの気持ちがホリーの利益に反するのだと認めるよう迫られていると感じていた。とりわけ，ホリーの苦痛や病気の程度を否認し，彼女の将来についてうわべでも前向きに考えるようにと迫られていた。両親とのワークにおいて，4つの領域で有益な仕事がなされたが，うまくいかなかったと感じる領域が1つある。それは，気がかりだったホリーの妹のことを考慮するスペースを作ろうと努めたが，うまくいかなかったことである。

私たちは，まず，ホリーの両親への酷いスプリットに対して何ができるかを探索することにした。ホリーは母親を意図的に拒絶し，女性に関するあらゆるものを拒絶する一方で，美術教師である父親を理想化していた。ホリーは最初，並外れた創造力だと父親が思っていたもので父親を魅了していた。ホリーは器用で主に模型作りで父親の気を惹いていたのだった。彼女が創った模型は，妄想上のペニス（灯台や風車など）で，いくつも創っていた。こうすることで，ホリーは，自身の女性性を完全に否認できていると感じていた。ホリーの母親に対する憎悪や不信感を，母親は自身が昔ホリーを憎んでいたことに起因する部分があると，辛くも認めていた。母親のこの拒絶感は，自閉症をもつ子どもを育てることで生じ，さらに母親の原家族が抱える精神病歴に起因する恐怖も混在し，憎悪を増幅させることとなった。母親はその憎悪をコンテインできていなかったことも分かっていた。しかし，ホリーが母親の愛情に溢れた献身的な側面を認めるのを拒絶することに対しては，父親の態度が変化する必要があった。父親は，自分の方が好かれたいという自己愛的快楽に抗い，同時に，ホリーの歪曲した考えに立ち向かわねばならなかった。ホリーのケア全般に私が関与することにより，ホリーは母親的役割への尊敬の念を取り戻し，母親は自身がホリーにとって重要な存在であると感じられるようになり，父親は不正利得を止めてホリーに対応することの大変さを母親と共有するようになった。両親の役割の反転は，母親の穏やかな包容力と，父親の断固とした態度，といった能力を犠牲にしていたのだった。

次に，いかにしてホリーが防衛的で強迫的な儀式行為を変えていけるのかということに焦点があてられた。家族から私への信頼が年々増していき，両親は，ホリーの「同じ」ということへのうんざりするほどしつこい要求に対処できるようにするために，私に援助を求めることができるようになった。両親は，最終的には，同じバスに乗らねばならないとか，週のうち決まった曜日に同じ食事を摂るとか，同じ質問に何千回も答えるといったような，彼女の酷い要求に応じなくなった。両親は互いに話し合い，また私と話し合うことで，自分の要求が満たされないとバラバラに壊れてしまうというホリーの考え方は非現実的だと理解できるようになった。ホリーの癇癪があまりにも突然で激しく，圧倒されるようなものであったため，彼女のアイデンティティは容易く砕け散るような薄い殻の卵のように優しく扱われねばならないというファンタジーに，両親共に追い詰められていたのだった。親としての力を取り戻し，ホリーの融通の利かない支配下から抜け出す過程で，両親は母方祖母への取り組みも行った。母方祖母は，ホリーについて悪影響のある理想化を維持し続けており，ホリー自身だけでなく他者の生活にも影響を及ぼすホリーの力を軽視していた。ホリーの母親は，自身の母親からの中傷や羨望に満ちた投影と，娘からの絶望や無意味さや際限のない罪悪感の投影に耐えるために，私を味方とみなした。ホリーの独特の先入観を詳細に検討することで，これまでいかなる方法をもってしても不可解すぎて理解できなかったことに，両親が意味を見出せることもあった。両親は，意味があり耳を傾け熟考すべきものと，意味あるものへの攻撃であり制限すべきものとをより明確に区別できるようになった。家族の生活はこれまで，ホリーの問題に対して不安にさいなまれながらも言いなりになっていたが，そのことに疑問を提起する必要があった。たとえば，家族の休暇旅行中に妹と部屋やベッドを共有しなくてもいいかということを，何百回もホリーが確認をしてきたとき，その質問を正当なものとみなして返事をすることが建設的なのか，あるいは苛立ちを示して，すでに丁寧に説明してきたことを知らないと言い張るのに付き合わないことが理にかなっているのか？ ということなどである。

3つ目の重要な領域は，両親がホリーとの分離に向けて歩を進めていくための援助だった。ホリーは，幼少期に家族から引き離される恐ろしい経験をしていた。4歳のとき，家から離れた精神病院に1年程入院しており，週末だけ家族と過ごした。母親は，ホリーにとってこのことがひどいトラウマ経験になっていると十分理解していた。実際，母親は毎週娘と別れねばならなかったことに耐え切れず，最終的には病院に戻すのを拒んでいた。この強制的な早期の分離に対する罪悪感から，母親はホリーが家を出て自立することは考えられなかった。この問題は，学校について検討する際に起こった。私がホリーと初めて会ったとき，彼女は学習障害児のための地元の学校に行く予定だった。これはまったく妥当ではなかった。というのも，ホリーは一日中大声で支離滅裂な話をして教師を苛立たせていたし，他の子どもたちから運動場で虐められていたからだ。子どもたちは，利用したり，貶めたりすることで，ホリーの狂気に対する恐怖から逃れていた。転校すると遠方になるため，必然的に平日は寄宿舎で週末に帰宅するしかなかった。ホリーも母親も，悲劇的な結末が訪れるかのような感覚に陥っていた。母親は，二度目の分離は決して許されないという気持ちがあり，ホリーは，再び拷問部屋に監禁されると思い込んでいた。しかし，一歩ずつ前に踏み出すと，ホリーも母親も際限なく生じていた思いこみから解放され，現実に変化が生じた。ホリーが19歳になったとき，両親が許容できた唯一の高等教育機関は40マイル離れた場所にあり，そこでは寮生活をし，ほとんどの週末をコミュニティー内で過ごすことになるため，再び分離の問題について取り組まねばならなかった。こうした変化が生じている間も，私はホリーの心理療法を継続できたため，すべてを失うわけではないと母親は思うことができたようであった。

私が述べたいワークの最後の領域は，ホリーの心理療法の最後の2年間に具体化したものであり，治療の終結について一緒に考え始めたときに生じてきたように思う。母親は，面接内で初めて，自身の悲惨な家族歴を少しずつ夫に話し始めた。夫は，ホリーの母親の姉が統合失調症で入院していることは知っていた。この姉は，母方祖母にとってはホリーの未来予想図であり，ホリーの狂気の世界に周囲が合わせることで守れるのだと思っていた。夫が知らなかったことは，ホリーの母親の継父（実父は幼少期に亡くなっていた）は，妄想型統合失調症を患っており，妻（ホリーの母方祖母）も娘二人も継父の暴力的で予測不能な感情の爆発に怯えていた。母親の子ども時代は，精神病の姉と父親の影に付きまとわれていた。このことを知ったとき，これまでも，そして今も，この女性が正気の世界へ向かおうと戦い続けている勇敢さに，私は深く感動した。母親は私たちのワークの中で何かを見出し，それによってこの長く続く人生の苦闘から助けられ，夫の愛情と堅実さを信頼できるような新境地へ至ることができた。

小さな技法上の留意点を2点付け加えたい。私は，この夫婦との面接には75分必要だと判断した。ホリーに関する問題と両親自身のパーソナリティと，双方に取り組むには，50分では不可能だった。父親が残り時間を気づけるようになり，母親も徐々に面接構造の感覚をつかみ，気持ちをまとめて面接を終える準備ができるようになっていったが，それでもなお，時間内に終えることは非常に難しかった。母親は，面接で自身の感情に圧倒されていたが，セッションを終えるのに向けて落ち着きこうと努力していた。二点目は，次の面接までの間，母親は自由に私に電話をしてもよいとしたことである。母親はこのことを尊重し，頻繁に電話をしてくることはなかったが，いざ電話がきたときには，長時間にわたることが多かった。母親が電話をしてくるのは，環境に変化が生じるために不安なとき，ホリーがどうなるか不安なとき，そして，ホリーにとって大きな変化が生じているが理解ができないときだった。感動的だったのは，ホリーの最終面接の翌週に，母親から電話があり，ホリーが寂しがっていて二人で話をしたこと，ホリーが「私はあの部屋にいたい。そうすればラスティン先生と話せるから」と言っていたことを伝えてくれたことだ。母親は，ホリーが私なしでうまくやっていけないのではないかと不安だったが，同時に，ホリーが母親にサポートを求めたことに心を動かされてもいた。

事例3

続けて，親との支持的なワークの別の事例を描いていく〈この臨床素材を提供してくれたジュディス・ルース（Judith Loose）に感謝したい〉。自閉症の少女「ベス」の両親は，子どもの心理療法と並行して週1回面接を受けていた。長い間，B夫人の話が不安に溢れ，時折黙り込みながら繰り返されていたため，B氏はぼんやりして関わりを避けるようになり，親のワーカーは挫かれた気持ちになっていた。

B夫人は母親を生後数カ月で亡くしていた。継母との関係は悪く，重い精神病を患っている異母妹を憎んでいる。B氏はトラウマとなっている兵役の後に英国に移住した。セラピストは，この夫婦の気持ちがあまりにも離れているように思えたため，どのようにして子どもをもつに至ったのか想像できなかった。治療開始から一年程経った頃の面接で，始まってすぐに，セラピストが学期の中間休みを去年は取らなかったのに今年は取ったことに，B夫人が気づいた局面があった。B氏は，重い病気を患っていた自身の父親の誤診について話し，誤診をしたにもかかわらず謙虚になれないような医師とは関わらいようにすべきだと思っていると話した。B夫人は，ベスが学校でお漏らしをしたとき，ベスに新しい下着を渡さなかった（ベスはおむつをつけて帰宅した）学校の対応を「おむつの替えを備えているのなら，どうして予備の下着を備えていないの？」と批判した。楽しい家族での外出の話にも触れ，食べ物を区別できるというベスの新たな能力の話もなされた。続けて，セラピストはB夫人に家族での食事の記憶について質問をした。

B夫人は，子どもの頃の主な食事は給食だったと，悲しげに話した。というのは，B夫人の父親は帰宅が遅く，現在で言うところのチャイルドマインダー[注12)]か，父親の再婚後は，継母とまだ赤ん坊だった妹ととは，一緒におやつを食べるだけだったからだ。継母のことは冷淡に話された。セラピストは，おやつのことを尋ねた。お腹が減ったときどうしていたのだろうか？ B夫人はこの質問が嬉しかったようで，制服を着ている間はお菓子は食べさせてもらえなかったという興味深い話をした。B氏はこの話を初めて聞いたかのように興味を示した。母親であるB夫人は，アリス（夫婦の上の娘）がポテトチップスを欲しいときにいつでも買っていたことから，昔とはいかに違う状況であるかを認めた。

B氏は子ども時代の食事のことを覚えているかと尋ねられると，自分たちは大人数で食べていて，特に朝食は家族全員で食べ，たいてい祖父母も一緒だったと，笑顔で話した。B氏は話している間幸せそうで，続けて農場でアルバイトをしていた高校と大学時代の話をした。そこでは農場の家族と一緒に食事をしていたと話した。B氏は，都市部で職に就くのは難しいが，評判さえ上がれば“枯葉を落とす”仕事を簡単に見つけられると説明をした。セラピストはB氏に“枯葉を落とす”とはどういう意味か尋ねた。

B氏は生き生きとして見えた。とうもろこしの交配プロセスと授粉していく畝のことを熱く語った。無数の畝の間をリズミカルに行き来しながら1つずつとうもろこしの外皮の葉を引っ張る作業を話した。B夫人は椅子の向きを変え，初めて夫の方を向いた。セラピストは，B氏が妻の関心を引くことができたので，もう話の細部にこだわる必要はないと感じた。B夫人はおどろくほど温かく夫を見つめていた。

注12）監訳者註：英国発祥の養育システム。主には両親ともに外勤である場合，有資格者であるチャイルドマインダーの自宅，あるいは子どもの家庭にて子どもの世話をするといった家庭保育の形態で子どもの世話が行われる。

考察

この事例は，両親の間で生じているプロセスを見事に表しており，セラピストが上手く取り扱えた例だと，私は思う。夫婦はお互いを意識し始め，それぞれが過ごした過去や現在の時間が二人の関係を豊かなものにしていると感じられている。この母親が抱えている早期の剥奪感や困窮感は少し和らいでいる。この面接は夫婦にとって心地よいものだっただろう。

セラピストは，自身の観察をもとに3つの要素を含む技法を用いて，面接開始後しばらく続いていた中身のない話に対応した。第一に，素早く陰性転移を取り上げたことである。セラピストが陰性転移を扱う強さがあるということをB夫人に示したことで，幼少期の母親喪失と母への強い愛に起因する，構って欲しいという気持ちに対する幼児的絶望感を修正するに至った。B夫妻が遅ればせながらも，ベスのトイレットレーニングを始めたことは，適切な大人との取り入れ同一化の結果である。第二に，B夫人が繰り返し同じ話をしたときには介入をしてB氏の関心を惹き，同時にB夫人にはコンテインされていること，B氏には積極的な参加が必要であること，を伝えた。最後は，セラピストが，両親それぞれの考えや気持ちに積極的に関心を表したことである。これによって，個々の人生は重要であり，互いに耳を傾けることができれば会話が豊かになり得るというメッセージを伝えている。セラピストが，関心を示したことで，今でもベスが両親と一緒に寝ているということを知ることができた。この話から派生していき，B夫人は，週末の家族旅行の話に言及した。B夫人は，ホテルで夫婦のベッドの隣に簡易ベッドを置いたが，ベスがアリスのベッドの隣にあるツインベッドを見たがっているのに気づいた。母親はベスの思いを理解していたのだった。訊ねてみるというセラピストのあり方は，ケアというものは明確な理解へと至るということを示している。理解できないときセラピストは辛抱強く訊ねるのである。これは，明瞭で有益なコミュニケーションが減り，誤解を生みやすい自閉症の子どもをもつ家族の傾向に異議を唱えることとなる。B氏は，わかって治療を行っているこのセラピストとの経験と，以前の医師との不満足な経験とを，潜在的に比較している。

子どもの心理療法士は，ここで述べたようなワークをするのに，十分相応しいと私は考えている（Barrows,1995）。クライエントの中の幼児的側面に調律することで，大人の中の混乱や，取り組む必要のある親としての機能に接触することができる。このケースは，私たち自身の親的側面（脆弱なものを守る責任，自己破壊的行動に立ち向かう責任，子どもの日常生活の細々したことに関心を向ける責任）が求められるワークの事例である。このようなワークは，自身の親から愛情と関心を受けられなかった親にとって初めての経験となるかもしれない。

家族機能の変化を促進するワーク

次に，家族内の変化が明確な目的であると同意されているケースについて論じていきたい。夫婦心理療法や家族療法などを思い浮かべるかもしれないが，特に子どもの心理療法士にとって興味深いワークに言及したい。それは，親との個人心理療法的なワークであり家族間で生じている投影を明らかにすることに焦点を当てている。これはある意味，精神分析的な家族療法と似ているとも言えよう（Copley, 1987）。このようなワークでは，治療関係で生じる転移を用いるが，情緒的なコンテインを向上させるために家族内での転移について探求することに重きを置く。これによって，親が親として機能できるようになり，子どもが負う世代間問題を軽減できるようになる。

事例4

6歳の「ジョン」を養子にしたシングルマザーのCさんとのワークは，ジョンが14歳のときに始まった。母子は，養子縁組の措置に携わっていた児童精神科医に時々診てもらっていた。ジョンは，前期思春期になると，常にイライラし不安定になった。学校では悪いことをし，非行グループやドラッグカルチャー[注13]にますますのめり込むようになり，家庭ではコントロールできなくなっていた。ジョンは母親に暴言を吐き，母親から多額のお金を盗んでいた。

私の同僚である精神科医は，ジョンが親子面接のときに怒りを爆発させ絵画を破壊したエピソードがあった後，ジョンとの面接を続ける一方で，Cさんとの面接を私に依頼してきた。最初の9カ月間はまさに大混乱だった。ジョンは一時的に思春期病棟に入院し，母親は絶望と恐怖に苛まれていた。母親は徐々に自身の権限を取り戻していき，必要に応じて地元の警察にサポートを依頼し，もしジョンが盗みや暴力を続けたら家に住まわせられないと考えるようになった。結局ジョンは，キーワーカーサポートシステム[注14)]のある良質な寄宿寮に入ることになった。

この週1回のワークで取り組んだテーマの特徴を表す最近の素材を取り上げたい。Cさんは，並外れた人である。知性も想像力もあり，多くの才能をもった女性だが，それを上手に活かすことができない要因があった。これを理解するには，Cさんの成育歴が不可欠である。Cさんは，1938年にベルリンから逃れてきたドイツ系ユダヤ人難民の子どもである。親戚の多くは大虐殺で命を落とした。兄が一人いたが，30代初めに亡くなった。Cさんは，恋人は何人かいたが結婚は一度もしておらず，多くの友達がいる。

数カ月にわたる危機介入のワークのあと，Cさんには自身のための心理療法が必要だと私は明確に感じた。このことを彼女に話し，個人心理療法はこれまでとは異なる経験になることを説明した。また，Cさんにとって，家族・子ども部門[注15)]は，ジョンとの出来事を思い出すかもしれないため，別のサービス機関を紹介することもできるが，私たちはすでに多くのことに取り組んできたので，もしCさんが望むならば，私がここでCさんとワー

注13）監訳者註：快楽や幻覚をもたらす違法薬物に関わるサブカルチャー。麻薬の使用は英国の若者たちの深刻な問題の1つである。

注14）監訳者註：宿舎に滞在する青年たちの生活を見守り，青年たちの生活上の困りごとの相談に応じる者がいるシステム。

注15）監訳者註：英国ロンドンのタビストック・クリニックは子ども・家族部門と成人部門がある。

クすることができると補足した。私たちは，これまでの週1回の面接を終結することに同意し，個人心理療法をどうするかをCさんが考えられるように2カ月の間を置いた。もしCさんが私との個人心理療法を始める決心をするならば，次の学期から私の空いている枠を使うことができるようになっていた。

Cさんは私の提案を受け入れたが，その後にやってくることの一端を私に思い知らせるかのように，海外旅行中に激しい恋に陥り，その結果，最初の面接2回がキャンセルとなった。

ジョンは18歳になった。Cさんは，去年12月に事故で足を骨折した。怪我で動けず，クリスマス前の最後の面接をキャンセルせねばならず，1月もほとんどキャンセルした。その後，Cさんは松葉杖をついて面接に戻ってきた。この事故が治療終結を考える時期と結びついていることは，私たちには明らかだった。事故は，階段の最後の段を踏み外した結果であり，このことは，終わりとは危険が伴い安心できない，というCさんの不安を表しているように思われた。

私が言及したセッションでは，始めてすぐに，Cさんが私の部屋の流し台の金属部分に「ジョン」という名前（シンクメーカーの商標）が彫り付けてあるのに気づいた。Cさんは微笑み，ジョンはそれを嫌がるかもしれないと言った。次に，Cさんは廊下が大変だったと，私の部屋までの道のりとその時の気持ちを話した。「私はもう患者でいたくないのです。タビストックやウィッティントン（地域の病院）の」彼女は2階にある私の部屋にたどり着けないと思ったが，エレベーターを使うことも，受付から内線をしてもらうことも，スイングドアを開けておいてくれなかった女性にも，面接日を決める私にも，耐えられないと感じていた。そして，とても不安定な感じがしていると付け加えた。

私はこの話を，治療終結についてこれから話されようとしており，逃げ出したい気持ちが生じ，まだ不安定で必要だという気持ちになっていることとつなげた。Cさんは続いて，6週間の実刑判決を受け刑務所に収容されているジョンについて話した。ジョンの何度かの電話で，Cさんは彼が何か隠していると感じ，今週ずっと気がかりだった。最終的に，ジョンは，喧嘩をして1週間独房に入っていたことを告白した。Cさんは感動しながらその状況を話した。ジョンは，読書をしていたときに（ジョンは「僕が読書なんて信じられないでしょう，お母さん」と言った），若者グループから嘲笑され，それで喧嘩になったのだった。喧嘩はひどいものだったがどうにかなったと，ジョンは言っていた。ジョンは所長と長時間話をし，所長は，ジョンは投獄されるような類の若者ではないと言った。Cさんは，実刑判決に含まれる罰金の未払い分をジョンが交渉し，出所後に新たなスタートができるようになったことを話した。「ジョンはこのことにとても冷静に対応しているんです」とCさんは言い，彼女自身は冷静さを保つために大変な努力をしているのだとにっこりと笑った。「ジョンに罰金の援助を申し出ました。これ以上刑務所にいて欲しくないと言いました。でも，ジョンは自分で解決したい，大丈夫だ，と書いた手紙を送ってきました。でもなぜか，ジョンは私が鍵を握っていると考えています。」私はCさんの混乱について話をした。Cさんは，私の流し台にジョンの名前が彫り付けられていたように，私の心の中にいたいと願っているが，私がCさんを離さず，監禁してしまうかもしれないのが恐ろしくもあるのだと。Cさんは，私を彼女にしがみつく母親のように感じると同時に，去る準備ができた彼女を手伝う父親的側面も感じている，ということに納得し難いようである。私は，心理療法を終え自分の人生を歩もうとしている一人の人間として，私の心の中に抱かれるという考えについて，丁寧に伝えた。

Cさんは，よく相談に乗っている，父親のいない甥について話し始めた。父親の声を見つけるというテーマは，ジョンとの関係，甥との関係，そして転移において探索された。そして，Cさんは，大学生のときにサポートしてくれた父親の役割について語った。「でもその後は，父は私を助けることはできませんでした」と言い，沈黙した。Cさんは自分でも驚いたが，ドイツ難民がよく集まるカフェに行っていたのを思い出していた。そこは，

Cさんが仕事でロンドンに住むことになり，父親と待ち合わせに使う場所だった。父親は，癌で亡くした娘のことを書いたビクター・ゾルザの本を見せてくれた。Cさんは，自分の両親は息子の病気や死についてまったく語り合えなかったことや，父親はその本を読むと癒されるからとCさんにも薦め，母には内緒にするようにと言ってきたことを感情をこめて語った。

後に，Cさんは，この共有されないままの不完全な喪の状態を，最近の伯母の葬式と，自分の父親のお墓参りに行ってその墓石に自分の名前も入れたいと願う甥の気持ちに結びつけた。

私は，これまでの悲劇的な経験（カフェの難民と同じような経験）を共有できるような私の強い父親的側面と，私に対して保護的な役割を取らねばならず，治療を終結したいと言い出せないのだという思いをつきつける私の母親的側面を結びつけたいと思うCさんの希望について述べた。私は，これをクリスマス前の事故に結びつけ，Cさんはこうした考えを持って生きるのは非常に危険だと感じているのだと伝えた。私は，Cさんは，母親と父親が互いに通じあっているという感覚を私を通して感じたいと思っているのだと述べた。

このセッションは，伯母が亡くなった後に初めて母親に，収容所で命を落とした親族全員の話をどのようにしたかをCさんが語って終わった。Cさんは，母親が親族の名前や，彼等がどこで殺害され埋葬されたのかを知っていることがわかった。最近アウシュビッツに行った友人は，彼らの名前を探し出して，ユダヤ教の祈りを捧げた。

Cさんは「治療終結の別の方法を見出すためにここに戻ってきました」と言い，私は同意した。私自身，1月のキャンセルの間感じていたことは，これから生じる治療終結は困難な取り組みになるだろうから，Cさんが面接に戻れるようにしようということだった。

この事例には多くのことが凝縮されていて，私たちが時に親とのワークでなし得る，多層的なワークを例証していると思う。ジョンの問題はまだ続いているが，ジョンとCさんは関係を再確立していた。ジョンはCさんの事故を聞いたとき，すぐに病院に駆けつけた。そして刑務所からの最近の手紙で，ジョンはCさんが良い母親であるだけでなく良い友人でもあることに気づいたと書いていた。Cさんの大きな変化は，個別のアイデンティティを確立するという個人的な課題に取り組み，優勢だった躁的防衛システムを手放し，弔われていなかった死者(夢でつきまとっていた)と，逃げきれずに見捨てられたユダヤ人を救い出さねばという思いに重ねられて養子にした子どもとを区別していったことだ。Cさんの詳細な家族の話から，罪悪感という大変な犠牲が払われたことが明らかになった。このワークは，Cさんとジョンが新たに互いを知っていくためのスペースをもたらしたのだった。

外部（子どもと家族部門外）の紹介

大きな問題を抱えている親を，子どもと家族の精神科部門に属さない成人の心理療法士や精神分析家に紹介することが時々ある。そのデメリットとの1つは，現在家族内で生じている悪影響を及ぼす投影過程に注意が払われにくくなりやすいことである。タビストック内で，親を個人心理療法のために成人部門に紹介すると，親の幼児的ニーズを優先させることと，脆弱な子どもや若者に必要な保護との間に痛みを伴うスプリットが生まれることがあることが判明した。成人患者が成人部門内で心理療法を受ける場合，患者の内的困難さが親機能に与えている影響については，あまり注意が払われない。子どもと家族部門内で行われる心理療法や，子どもとのワークの経験のある心理療法士による心理療法では，特に幼児的な不安やファンタジーの結果として生じる，大人として関係する能力の障害に焦点を当て，パーソナリティの大人の部分を子どもの部分と区別することに注力する傾向がある（ハリスHarris, 1970）。治療の中に幼児的転移をしっかりと集めることに依拠するこのアプローチは，親機能を改善することを支える。

倫理上の問題

最後に，親とのワークで生じる倫理的問題に関する見解を共有したい。懸念すべき2つの領域がある。1つは，子どもの福祉を真剣に考えることを親が拒否する場合である。2つ目は，親との心理療法が，大人の機能を維持する能力を危険に曝すかもしれない場合である。

子どもの虐待が明らかなケースの場合，福祉サービスの限られた資源や法律の落度が阻害要因となり得るが，たいていはうまく進めていくことができる。より扱いにくいのは，心理的虐待の場合である。事例で説明していきたい。

事例5

私は，養子である息子「ロバート」の心理療法と並行して，両親とのワークを行った。両親は地元の名士だった。ロバートは，学校でうまくいかず，家では物を盗んでいたが断固として盗み行為を認めなかった。ロバートの心理療法では，早くから防衛的な膠着が生じた。両親とのワークで，私は，父親（治安判事）が母親に対して，家族関係の問題について話さないように脅していたことを知った。父親は抵抗として，面接を欠席し，後に子どもの心理療法の援助を止めたのだった。あるとき，両親は，芸術がとても得意なロバートが作った小さな模型を持ってきた。それは不気味な悪魔の模型で，明らかに父親に似ていた。父親は，息子の技量の高さを自慢したあと（自身がモデルになっているとは気づかず），将来息子が悪の道へ進むであろう証拠だと，その模型をとらえ始めた。父親は，その悪魔像が常軌を逸した実親から受け継いだ「悪い血」の具象的な証拠だと見なした。父親の態度に表れている息子の将来に対する酷い拒絶や思慮の欠如は衝撃的だった。その後，ロバートの心理療法が中断されたあとしばらくして，以前よりも絶望的な状態で戻ってきた母親から，家族は根深い嘘の上に成り立っていることを私は知った。父親は法廷職員の女性と不倫関係にあり，母親がそれを問い詰めても，父親は認めなかった。実際，父親はロバートと同様に嘘をつき通した。

ワークでできることは非常に限られていた。母親は社会的地位や経済的安定を失うことを非常に恐れていたため，夫にこの問題を突きつけることができなかった。こうしている間も，この偽善的な状況は子どもたちを蝕む深刻な影響を与えた。ロバートの非行はエスカレートしていた。父親の態度は，冷笑的な絶望感とロバートの危険なライフスタイルといった代償的な享楽をあわせもつものだった。私は，この不誠実な家族関係を維持するために支払う代償を母親が深刻に受け止められるように働きかけ，母親は自己破壊的な共謀行動から少し抜け出した。

事例 6

親の心身衰弱の危険に私たちが直面する場合には，別の倫理的問題が生じる。最近のケースでそのことを例証していく〈この臨床素材を提供してくれたビディ・ヨーエル（Biddy Youell）に感謝したい〉。

D 夫人は長年里親をしている。彼女は，酷い虐待を受けた二人の子どもの世話をしている自分自身を支えてもらうために，また子どもたちの心理療法を継続できるようにするために，クリニックで週 1 回の面接を受けていた。子どもたちは，8 歳と 6 歳である。

私が注目する危機は，D 夫人が子どもたちを養子にすることを決めた後に起きた。D 夫人は，クリスマス休暇中に子どもたちと一緒に，ニュージーランドに住む自身の母親と兄を訪ねたが，戻ってきたとき，これ以上子どもたちの問題行動に対処できない，養子を解消したいと言った。社会福祉当局は，D 夫人はどんなことにも対処できる頼りになる人とみていたために非常に驚いた。当局は，支援を増やすことを申し出て，D 夫人が対処できなければ，子どもたちは施設に行かねばならないとも伝えた。D 夫人はこれを聞き強い罪悪感を抱いた。社会福祉当局は慌てていた。というのもこの子どもたちは，これまでの二つの里親家庭で性的および身体的虐待を受けていたため，この事態は裁判になり，数人のソーシャルワーカーが過失で罰せられていたからだった。

D夫人のセラピストは，強い心的痛みを伴う問いにもがいているのを感じていた。社会福祉当局と同じく子どものセラピストも，D夫人が子どもたちをこのまま世話してくれることを望んでいた。しかしながら，D夫人のセラピストは，子どもを拒絶し非難するような言動の背後で情緒がひどい崩壊状態にある女性を以前担当したことがあった。休暇中に子どもたちの振る舞いは退行し，親戚はうんざりさせられたのだった。ほどなくして，D夫人は自分が病気だと認めた。D夫人は肩を震わせ，背を丸めて静かに涙を流しながら，残っているわずかな自制心までも奪われるのではという恐怖から，かかりつけ医の処方した抗うつ剤を服薬できないと感じていることを語った。D夫人は，未亡人になったときのような心の状態に陥るのを恐れていた。無数の虫の悪夢やブラックホールに落ちる悪夢を語った。

セラピストは，D夫人がこれまでの人生を「対処しながら乗り切ってきた人」だったと感じていた。D夫人は，非常に有能な保護者になることによって幼少期の剥奪を解決してきた。このアイデンティティは崩壊してしまっており，もはや子どもたちの世話をすることができないことは明らかだった。問題は，D夫人の精神衛生上適切なケアをどう維持するかということだった。D夫人は，彼女の心身衰弱をうけいれることのできない子どもの専門家たちの要求から守られねばならなかった。さらに，D夫人との週1回の支持的なワークが，彼女の根底にある脆い心の状態をいつの間にか開いてしまい，強固な防衛を危うくしてしまったのではという不安を，セラピストは感じていた。

このケースは，防衛のサポートが必要である場合に，私たちが判断すべき問題を提起した。たとえば，最初にD夫人が月1回の面接で良いと提案した通りにする方が賢明だっただろうか？　自身が剥奪された経験や境界例的特徴をもつ親とワークをする場合，浅いところで関わりを保つことも時には賢明かもしれない。成人とのワークのために私たちが築いたサポートシステムは，適切な専門的判断や権限という感覚を養うのに必要不可欠な要素の１つである。

結論

子どもの心理療法士として訓練を受け，仕事に携わりたい人は，通常子どもの視点に深く同一化している。この視点によって，成人患者のパーソナリティの子どもの側面に素早くアクセスできる。幼児的転移を用いて心理療法的なワークをするとき，私たちには利用できる豊かな経験がある。これは，成人の生活における問題や，成人の心理療法における問題に対する気づきと密接に関連付けられねばならない。子どもや青年との精神分析的心理療法における集中トレーニング（intensive training）は，こうしたワークに取り組むための非常に強力な基盤である。家族内の激しい葛藤ゆえに，親は私たちの助けを求め，親子間の問題から生じた苦悩は，根本的な問題に直面するきっかけとなる。私たちは，援助を行う特別な機会を得ているのであり，自信をもってそれに取り組まなければならない。

第2章

親の心に子どもを再創造するためのセラピー空間[注16)]

ヴィヴィアン・グリーン（*Viviane Green*）

アンナ・フロイト・センターでは，親とのワークは多様な方法で，多様な設定で行われている。古典的な治療設定以外にも，たとえばアンナ・フロイト・センターの保育ルームといった教育的，保健的な設定でも親とのワークはなされているし，親子プロジェクトや親支援プロジェクトも行われている。本章ではセンターで行われている親とのワークのすべてを述べるわけではない。この章では，センターでのグループ討議を経て，子どもの心理療法と並行して行われる親とのワークと，子どもの心理療法の導入としての親とのワークに焦点を当てることを目的としている。

親とは主に子どもの心理療法を支え，維持するために面接を行う。親を通じて子どもへのワークが行われることもある。また，子どもとのワークと並行して親がセラピストと積極的にワークすることもある。意図していたわけではないが偶然にも選んだ臨床素描は，すべてが子どものセラピストが親ともワークしているケースになった。しかしながら通常は，親にはソーシャルワーカーか，別のセラピストが会うことになる。親とのワークに共通して生じるいくつかのテーマがあるが，本章では親ワーカーにとっての臨床的な出

注16）本章は，1997年3月の児童心理療法士協会の年次大会で発表されたものである。本章はそこでのグループ討議に基づいており，多くの考え，そして臨床素描を提供してくれたアンナ・フロイト・センターの同僚に深謝している。

発点は，親の状態によって決まるということを示していきたい。

親と同盟を結ぶこと

親であるという状態それ自体が，変化に対して心をオープンにし得るものを本来備えていると考える心理療法士もいる。文献には，親になることで芽生えてくる変化に対する許容の質や程度に関する多くの例が記載されている。セルマ・フライバーグ（Selma Fraiberg, 1980）は，希望という側面にどんなものがあり得るのかについて，感動的，そして情熱的に語っている。「赤ちゃんは（この言葉は広く子どもも含むが）変化を促す触媒でもある。赤ちゃんは，親によい変化を起こす強い動機を与える。赤ちゃんは，親の希望であり，痛切な強い願望を表象している。すなわち，赤ちゃんは自己の再生を意味し，赤ちゃんの誕生は親にとって心理的な生まれ変わりとして経験されうる」（pp.53-54）。このように経験を通しての変化が起きやすい状態では，母親は赤ちゃんに対する応答を通して，赤ちゃんは自分にとってどのようなことを意味しているのか，それが自分自身の生い立ちの痛みを伴う側面にどのようにつながっているのかを考え始めるだろう。そして，自分自身の過去と赤ちゃんの双方に対して新しい内的適応をなしていくことになる。

子どもは，自分が育てられたよりも良い育て方をしたいと思う親には修復願望 reparative hope を引き起こす。もちろん，一方では，逆の影響を生み出すかもしれないが，ほど良い親でありたいという願望がそこにあり，このことが治療同盟を可能にするということが非常に重要である。したがって親自身の中に私たちが効果的に働くのを助ける多くの力が存在していると言える。

それにもかかわらず，明白な肯定的な動機に，隠れた無意識の「破壊的な」願望，感情，衝動が共存していることがある。特に子どもの心理療法を促進し支える親の能力をアセスメントするときには，このことを考慮する必要がある。子どもの発達が進むためには，親の十分な関心や関わりが必要である。もし症状を示す子ども，発達的に退行していたり「行き詰まっている」子どもをもつことを無意識的に望んだり必要としたりしているならば，親が子どもの成長をサポートするのはきわめて困難になるだろうし，セラピーは妨害されるだろう。

私たちのディスカッショングループでは，子どもの心理療法に関連した親のワークに焦点を当てた。子どもの心理療法のための初期のアセスメントにおいて，親について十分に検討されたのだろうかと，私たちは思った。私が言わんとしていることは，単に子どもの分析やセラピーを勧められたことに親が同意しているのかどうかだけではなく，変化のプロセスで親がどういった役割を果たせるのか，果たす見通しがあるのかということについて同意したのかどうかということである。もっと正確に言えば，親について考えるときに心に留めておくべきことは，心理療法に関わる能力が親にあるのか，そして親が関わることのできるワークは何かということである。

親であること自体を理解しようとするとき，おそらく大人のパーソナリティの中の親という側面と，残りの大人の機能とを区別する必要がある。人生の他の領域で明らかな困難があるにもかかわらず，素晴らしい親である大人もいる。逆に，仕事や大人との関係ではきわめて上手くやれているものの親であることが非常な困難な人もいる。親であることは大人の人生の中の１つの発達段階である。ファーマン（Furman, 1966）は，親をアセスメントする場合に，親の一方，あるいは双方が親であるという発達段階に入っているかどうかを確証するよう努めることを提案している。「子どもの成長に比べて，親はどの程度，自らの発達を維持し進めることができているのか？」と彼女は問うている。ダニエル・スターン（Daniel Stern, 1995）は，幾分異なる点を強調しており，母親であることを情動的，および心的能力として見なし，母親の人生のどの時点でも活性化され得ると述べている。しかしながら，スターンも母親であることは発達段階だと考えており，母親の中で，乳児－母親という布置からエディパルな布置へと徐々に必然的に移行していくことを描写している。母親は，母性的な人物像から評価され，支えられ，援助され，導かれ，認められていると感じたいという特殊なニーズをもっていることをスターンは強調している。このように十分に「抱えられる」なら，母親自身の母性的機能は見出され促進される。

この見解は両方とも，親であることが変化に対して開かれたダイナミックな状態であり，能力が活性化されることだとみなしている。これは，親が自分たちの状態をどのように経験するかについて，親同士においてのみならず個々の親の中でも，親のさまざまな発達段階において非常に大きな変動や揺れを生みだす。このような変動があるということは，心理療法士として私たちが親と行うワークの方法は多様であり，私たちの側に柔軟性が求められることを示唆しているのだろう。

幼児は，青年とはかなり異なる世話を必要としている。子どもの発達段階に特化したニーズに合わせるために，子どもの年齢に応じて親には異なった能力が求められる。これに関連して，今では「よく知られている」心の理論という子どもの発達の概念が思い出される。この用語は，ほど良い発達の過程で開花する複雑な情緒発達と認知発達について説明している。ほど良い発達の過程で，子どもは，世話をしてくれる大人が自分の心と感情の状態に調律し，映し返してくれるのを十分に経験し，徐々に自分と他者には異なる考えや心の状態があると考えられるようになる。ある意味，親であることは，内省機能と同等の継続的な過程を含むものだと考えられないだろうか。つまり，親の心の理論とは，子どもの成長段階に沿って修正され洗練されていく進展するプロセスだということであり，それは，自分の子どもの成長段階に合わせて応答するということである。

さらに検討されるのは，子どもは依存しつながっている人間であると同時に，発達しつつある自分とは別の人間でもあり，この二つの間を行き来しているということに情緒的に気づける親の能力である。この着想がどのようにさまざまな概念的および言語的な衣をまとっているのかを知ることは興味深かった。もっと古典的な理論の用語では，親の自己愛のバランスの取り方の変化として記述されている。エルナ・ファーマン（Erna Furman, 1966）は以下のように述べている。「お互いで，そしてお互いのために機能することは，親と子どもによる互いに対しての特別な働きかけの必然的な結果である。私は，親が親であるという発達段階に入るのは，子どもに対して一人の愛する人として，また自分自身の一部としても働きかける能力によるのだと捉えている」(p.25)。自己の一部として赤ちゃんや子どもに必要な労力と時間の投資をすることは自己愛という用語で呼ばれており，子どもそのものへの愛情は対象愛という用語で呼ばれている。その二つの間のバランスは子どもが成長するにつれて変化する。

子どもがどれほど共感的に考えてもらえ，子ども自身の権利を理解してもらえるかを測るもう一つの方法は，家族の中での役割や親それぞれとの関係における役割について考えることである。子どもはどのような投影を請け負わねばならないのだろうか，そしてその投影は親にとって何を表しており，誰を意味しているのだろうか？ 実際，治療的なワークは，もつれたものを解きほぐすプロセスを伴うことはよくあることである。中には，自分自身の病的な理由で（堅固な自己愛的問題のような），親自身のニーズや欲望と切り離して自分の子どもを見ることが非常に難しい親がいる。また，自分自身の怒りや，恐れや，傷つき，あるいは落胆を乗り越えて子どもを理解しようと奮闘するにもかかわらず，自分自身の生育歴や限界，あるいは葛藤に縛られている親もいる。もっとも望ましいのは，自分の子どもの感情に情緒的に容易に気がつくことができる親である。

（子どもの心理療法と並行して行う）親とのワークの広義の目的は，子ども自身の権利において子どもが次第に理解され対応されるプロセスが展開することに，親にも関わってもらうことである。これはしばしば，安全な状況が確立されてから，そして親が罪悪感や恥を認めることを通してのみ始めることが可能である。次に示すいくつかの臨床素描では，母親あるいは父親が自分自身の超自我葛藤に振りまわされず十分安全だと感じ，自分の子どもへの批判が和らぐと，そのワークに変化が生じた。ほとんどの親に対して，援助を必要とする子どもをもっているという自己愛的な傷つきもまた，注意深く見ていく必要があった。

一般的には，親とのワークは，自分の子どもを理解し対応するためであるという非特異的な考えがあるが，それは治療の理想として存在しているように思われた。というのは，実際のところ，親が，自分の子どもを理解し適切な対応をするための能力が抑制されているさまざまな困難に，私たちはどのようにワークすればよいのかという問題によく直面するからである。しばしば，親とのワークの最初の段階は，子どもについての親の情緒的な気づきを呼び起こし，関係について振り返り始めることのできる地点に向かって取り組んでいくことになる。

親の心の中の子ども

親とワークを行う場合，二つの関連したテーマの質的な感覚を得ることから始める。

1. 親はどのように心の中に子どもを抱えているか？
2. 親の心の中にはどのような子どもがいるのか？

親の子どもに対する心的エネルギーの備給に関して言えば，心の中に子どもを抱えておく能力は絶対的な状態，あるいは絶対的な能力ではない。一貫して長期にわたって子どもを心に留めておける情緒的な能力や注意を向ける能力のある親もいる。一方，親自身の防衛や心を占めるものが心的エネルギーを消費し，「心に留めておくこと」が変動する人もいる。子どもに関する何かが親の内的問題に影響を及ぼすまで子どもは心の中に保持されているのかもしれない。少数ではあるが，特に親の抑うつゆえに，子どもへの心的エネルギーの備給が断続的になることもある。

親の心の中に存在する子どもは，あいまいでわかりにくい存在であるかもしれないが，親の生い立ち，葛藤，恐れ，ニーズ，願望といった親自身の内的な感覚を通して親の空想の中で生き生きとしてくる。しかし，子どものまわりで生じ，子どもの存在を分かりにくくするような困難さの布置は多種多様である。それぞれの親は，いろいろな地点から出発している。そのために，セラピストは親とさまざまな方法でつながりを持ち，どのような変化が，どこで起きるのかということを理解していく。

セラピストの心の中の子どもと親

子どもの心理療法と並行して行われる親とのワークは，私たちの治療的スタンスに多くの問いを浮かび上がらせる。特に，母親と子ども，あるいは父親と子どもと向かい合うとき，私たち自身の心的な位置づけをどこに置くのだろうか？ 子どもは情緒的身体的成長を親に頼っているため，子どもの治療は成人の治療とは異なる。親子関係の重要さをセラピストは心に留めておく必要があり，治療態度はその複雑な相互関係に対して深い尊重の念で満たされている必要がある。

この多くは自明に思えるかもしれないが，思考レベルで親と子ども双方と等距離を保とうとすると同時に，共感から親や子からかきたてられる激しい怒りまでのすべての感情の域を経験できるよう情緒的に自由でいることは，このワークの難しさの一つであり，特にセラピストが親子双方とワークしている場合，それは実に困難なことである。時にどちらか片方だけに同一化する位置に傾いてしまうのは避けがたいことである。また，セラピストが代弁者に，特に子どもの代弁者になるプレッシャーを経験することもある。

親子の二者関係あるいは，三者関係を生き生きとセラピストの心に留めおくことは，親の子どもに対する関わりの質や，親自身の自己愛とのこじれた結びつきを認識しておくことにもなる。引用したすべてのケースにおいて，セラピストは子どもが助けを必要としていることに気づいたことで親が抱く罪悪感の程度と時に深い傷つきを知ることになった。

転移と逆転移を使うこと

セラピストは親を共感的な理解の過程に導くことで，親の心の中に「現実の」子どもを取り戻せるよう努める。このことに直接関連して，繰り返し生じるテーマは，転移や逆転移を使うことであり，それらはセラピストの洞察を導く素材である。転移と逆転移を用いてワークする方法がディスカッショングループで探索された。親によっては明確な転移と逆転移が初めから生じることもある。それ以外の場合，親のワークでは，親の新たな発達対象としてセラピストを提供し，陽性転移の中でワークをしていく。このことは陽性転移のみを用いてワークすることを意味するのではなく，親が安心できる状態を作るために転移にプラス方向の力を付け加えることを意味している。それによって，セラピストを再び活発になった発達対象，あるいは新たな発達対象として同一化や内在化するプロセスに導くのである。こうした集成的なプロセスを通じて，親は自分の子どもについて振り返る能力を活性化することができる。次に述べる例の一つは，親が自分のセラピストを十分に良質でよい存在として経験して初めて自分自身に，ひいては自分の子どもに対してどれほど批判的であったかに気づくことができたものである。さらに言えば，セラピストが転移と逆転移のコミュニケーションをそれとなく理解していても，必ずしも直接的または間接的に言及するわけではなく，また個人治療でなされるような解釈をしない場合もある。解釈する場合としない場合の相違は相容れないものではなく，ワークに必要とされるリズムやタイミング，「声の抑揚」といった治療的繊細さを強調し，親とのワークがさまざまな段階を進んでいることを認めるものである。

臨床素描

これから述べる臨床例で，どのようにこうした事柄が臨床実践で表われるかを示したい。臨床素描では，親の問題の本質と密接な関係のあるテーマと，それらが親の作り出した内的な子ども像のタイプにどのように影響を与えるかを考察している。転移と逆転移の中でワークする方法についての技法的な問いが臨床例に含まれている。

臨床素描１

最初の事例は親との短期のワークであり，子どもが分析を受けるのを受け入れることに焦点を当てている。この事例では，子どもの症状は親自身の問題や投影と絡み合っていることに，セラピストは鋭くも気づいていた。親はまずはこれまでの自分たちの投影と互いが罪をなすりつけ合っていたことを知る必要があった。そうして初めて子どもの痛みとそれゆえに必要な援助に十分気づき，認めることができた。

セラピストはＥ夫人から９歳の娘のことで連絡をうけた。娘の「ソフィー」は元気がなく，夜尿があった。これまでの専門家との治療は続いたことがなかった。Ｅ夫妻との初回面接のとき，二人の間で娘のソフィーの夜尿について口論になった。Ｅ夫人は夜尿を落ち込みのしるしだと言い，一方でＥ氏はソフィーの元気のなさは夜尿のせいだと考えていた。セラピストがさらに話を聞いていくと，Ｅ氏もまた自分がいかにみじめで夜尿のある子どもだったかを打ち明け，世代間連鎖が明らかになった。Ｅ氏とセラピストはＥ氏の経験について十分に話をし，セラピストは子どもの頃のＥ氏の痛みに共感を示した。最終的にセラピストは，おそらくＥ氏は娘の症状が自分の嫌いな部分，つまり「コントロール」できない部分を想起させるために，娘の症状を非常に問題だと感じているのだろうと話した。セラピストはそれだけにとどまらず，Ｅ氏が娘の夜尿をひどく叱りつける現在の家庭の状況に関連づけた。興味深いことに，Ｅ氏は自分自身の過去と関連づけており，それを取り上げることでセラピストは，Ｅ氏の過去を現在の反応と結びつけた。セラピストは，多分Ｅ氏は自分の娘を批判することで自分自身がコントロールできなかったものをコントロールしようとしていたのだろうと述べた。この結びつけは過去との関連性を明らかにしたが，それが現在および子どもとの関係において重要であることが強調された。自分の子どもに対する態度の動機にE氏がどのように気づいていったのかが，この親とのワークで重要かつ特有であると思える。セラピストの言葉を聞いて，E氏はソフィーを傷つけるようなことを言うのをやめようと思うとつけ加えた。別れ際，E夫人はセラピストに夫の怒りっぽい気性のため，家でほっとできないのだと言った。

ソフィーとの２回のセッションの後，セラピストは親に会ってフィードバックを行った。焦点はソフィーの深い落ち込みに当てられた。続いて，セラピストは家族力動と，ソフィーの落ち込みに影響を与えている同一化を把握するだけでなく，セラピスト自身が安全ではないと感じる逆転移の感覚も認識し，用いねばならなかった。E夫人はソフィーがどのように姉からいじめられているかを話した。これにはE氏はソフィーの自業自得だとの反論がなされ，E氏が自身をいじめる姉に重ね，同一化していることが示された。セラピストはこのことを使って，家でさえ安全だと感じられないとどれほど苦しいのかに注目させた。両親がお互いに言い争って非難し始めると，セラピストは主に父親がいじめているのに気がついた。セラピストは，前回のセッションで母親が述べた安全でない感じについての発言をまさに直接，認識した。同時に，セラピストはE夫人がセラピストに怒っていることに気がついた。E夫人が不幸な娘に対して感じている罪悪感を投影していたためにセラピストは「悪い」対象を表すことになっていた。セラピストはE夫人の苛立ち，混乱しているかもしれない気持ちを取り上げた。このことは，別れ際に母親がセラピストはソフィーの役に立つことを言ってくれず不満だったとの言葉を放ったことで確証された。

次のセッションで，いじめは許さない，だからソフィーが姉からいじめられたと感じたときは助けるつもりだと娘たちに告げたことをE氏は報告した。それからE氏は自分が娘の憎しみの的になっているのに気づいた。

セラピストは，それはＥ氏にとってとても心が痛むことに違いなく，ソフィーは自分が傷ついていると感じていると同時にどうやって傷つけるかも知っているのだと述べた。ここで，セラピストは以下のような積極的な提案をした。ソフィーが時にどれほど父親を憎んでいても父親が父親であり続けることを伝えることでソフィーに応えることができ，したがって落ち込み憎んでいる娘を愛しているという親の位置を取り戻すことができるのだと。

それからセラピストは，次いでソフィーの年齢，落ち込みの激しさと症状を取り上げ，ソフィーの集中的心理療法を提案した。他のアプローチと対比して精神分析がもつ意味と，親に支持されたしっかりとした設定が必要であることが探求された。ここで，うまくいかなかった以前の取り組みについて話し合われた。セラピストは，娘の治療と並行して親が取り上げたい問題について話しあうことができる定期的な面接を提案した。

続くセッションで，Ｅ夫人のアンビバレンスが生じた。ある程度は，精神分析についての，またそれを行う人物の資格についての現実的な質問だった。幾分は，Ｅ夫人の質問に表されているように，Ｅ夫人がソフィーとセラピストの関係を壊してしまう潜在的な可能性があるように思えた。「たとえば，もしソフィーが来るのをはっきり嫌がったら，セラピストはどうしたらいいか知っていますか？」。彼らはこうした問題について話し合い続けた。そこでセラピストは次のようにつけ加えた。母親も落ち込んだ娘を持ち苦しんでおり，おそらく自分か夫がソフィーの成長を難しくするようなことをしてしまったと感じているようだと。この時Ｅ婦人は，夫を非難する代わりに，自分がしてこなかったことは何なのだろうかと問い，夫の方を向いて，多分自分たちもまた援助が必要であることを認めた。

この切迫した家族では，親のワークはソフィーの援助が提供される前に行われねばならなかった。親どうしの間の敵対感情と，セラピストに降りかかる衝撃とを，親が取り入れることのできるコミュニケーションへとどのように転換させていくかをわかることは，技法にかかっているように思われた。このセラピストに引き続き残されている問いは，親のワークでどのくらい病理を取り上げるのかということである。

このワークでは，子どもから親に，親から再度子どもに戻るという焦点の移り変わりがあった。しかし，親自身の病理の中にいる幽霊が娘との関係にとりつくようになったところで，セラピストは“歴史的な”繋がりを考える機会を作り，繰り返しこれを現在の状況に引き戻した。私は親のワークは，現在の子どもとの関係に限って行うとは言いたくないし，また過去へのさらなる探索をする場としての成人の心理療法とは対立するものだとも言いたくはない。むしろ，親とのワークにおいては，過去よりも現在に焦点を当てる段階なのか，あるいはその逆なのかを自由に考えるものだと言いたい。

臨床素描２

次の事例は，先に述べたテーマのいくつか，特に，援助が必要な子どもをもつことに対する親の罪悪感や傷つき，恥といったことに触れている。親の心の中に存在する子どもは，主には風変わりで人をイライラさせる，価値の低い少年だった。F 夫妻の内省力が限られていたために，他の方法で変化が生じる可能性があるかもしれないとセラピストは考えた。

F 夫妻は，見た目にも奇妙で傷のある息子をもっていることで自己愛が傷つき，罪悪感を抱き，落胆して途方に暮れていた。これは，子どもの成長に対して極端な希望や絶望を引き起こした。セラピストは，親が息子をもっと一貫した現実的な見方ができるように親に苦労して働きかけた。セラピストの挑戦は，自分たちの子どもを容易には理解できない親に情緒的変化をもたらす援助をどのようにするかであった。ここで，セラピストは自分のワークを押し進める主な方法は，子どもに対するセラピストの態度に親が同一化することを通してだと感じた。

「マーティン」が７歳４カ月のときに精神分析的治療を開始した。父親はマーティンの奇怪な振る舞いや，話し言葉を理解することの難しさ，そして集団活動に参加したがらないといった例を多く挙げた。学校では，彼は笑いものだった。子どものセラピストが両親とのワークも行った。母親と父親は一緒に面接に参加していたが，職場定着によって難しくなったために，それからは別々になされた。セラピストは両親に対する自分の複雑な感情を何とかしようと苦労した。セラピスト自身がマーティンと直接関わる経験を通して，わがままな子どもをもつ親の傷つきや苛立ちを理解し，認識することができた。しかしこれは，両親が子どもの特別なニーズを考えるのが難しいことに対してセラピストが苛立ちを感じたために減じてしまい，かえって子どもに対するセラピストの共感と理解を妨げてしまった。セラピストが，親と行う必要のあったワークは，次のようなことである。それは，子どもの強みと限界についてバランスのとれた認識を心に保ちつつ，子どもの特別なニーズについて考える心の空間を作るだけでなく，極度に非現実的な期待をせずに優しく根気よく子どもを楽しむことができるように息子を見れるような心の空間を作ることだった。要するにそれは，親の中の情緒的な変化に向けてワークすることだった。

両親は成功者だった。F夫人はマーティンが生まれてから5年間は家にいた。早期からマーティンの発達は安定していなかった。マーティンは5歳まで体調不良で，耳が聞こえなかった。彼の言語発達は普通ではなかった。このことは，統合，現実吟味，二次思考といった自我機能に影響を与えた。両親ともに心理的な気づきが非常に限られていて，マーティンの障害は，両親が彼の感情状態に意味を与えることができないことで度を増していた。それでも，マーティンが受ける援助に対して信頼するようになった良心的な親であった。

セラピストは，母親を心理的な気づきがない人だと評しており，彼女とのワークの方が難しいと感じていた。F夫人は自分の息子の障害の程度を否認する傾向にあり，いつかはなくなることを願っていた。ワークの主な焦点は，マーティンは時間や労力をかける価値のある存在で，愛おしく，できるようになりたいと思っていると感じているセラピストの感情にＦ夫人が同一化するレベルに当てられた。この同一化を通して，Ｆ夫人は苦痛な罪悪感や苛立ちを和らげる優しさと思いやりを経験できるようになった。

Ｆ氏は一見，穏やかで感受性のある人に見えた。彼はマーティンの将来に非常に悲観的で，退行的な振る舞いに批判的だった。Ｆ氏とのセッションで，Ｆ氏の不安はしばしば，たとえばマーティンのテーブルマナーに対する不満や嫌悪感という形で表現された。自分の息子に対する酷い失望のために，父親に認めてもらいたいというマーティンの切なる望みは見えなくなっていた。わざとではないものの両親の無神経さ，息子の現在や将来に対して感じている苦痛に対して，マーティンが欲求不満を感じていることをセラピストははっきりと経験した。

マーティンの奇妙な特徴の一つは，あるものに興味を引かれるとそれに強迫的に固執する傾向だった。紹介されてきた当初，両親はビューフォート風力階級[注17]に関する知識を自慢げに話した。マーティンはこれを使って地点間の距離を強迫的に際限なく計算した。その後，惑星に関する知識を得ることにひどく熱心になった。セラピストは，彼の興味は反復的で，関連性がないことに気づき，特に反復的に自体愛的な性質を持つときには，いくらか落胆しながら見ていた。しかしながら，両親は自分たちが息子に時間や労力を注ぎ込める領域を必死で探し，いかに複雑な計算問題をやらせることができたかということにプライドをもっていた。最終的に，両親がこれはセラピストを喜ばせるものというよりは心配な症状であり，促進されるべきものではないと理解したのは，言語化されたものの結果というよりも，むしろセラピストがあまり関心を向けなかったからだった。それとは対照的に，マーティンがついに百科事典を読むのをやめ，もっと想像的な物語に夢中になった時に，セラピストは喜びと安堵感を表した。

Ｆ夫人は，時に明らかにわかりにくい息子のコミュニケーションを理解

注17）監訳者註：風力を分類するための風速の尺度。

するのがとても難しかった。両親はマーティンに愛情はもっているが，マーティンが話す言葉は母親にとって客観的に前後のつながりがないように思えた。たとえば，散歩に行き，雨が降り始めたので早めに切り上げたことがあった。マーティンは，母親が周りのことについて楽しげな話をして彼の失望をなくそうとしているのに対して反応しなかった。突然マーティンは大声で「僕たちは24本の肉用ナイフ，24本の肉用フォーク，24本の魚用フォークを持っているけど，23本しか魚用ナイフがない」と言った。母親は，自分の息子の狂気と，自分がこの事態をもっと陽気にしようとしたのにそれを拒絶されたと感じて失望した。マーティンの意味不明の発言に対する解説は次のようなものである。この頃マーティンは，頼まれはしなかったが，大きなパーティーのためにテーブルの準備をして母親を喜ばせ驚かせたことがあった。マーティンは自分ができたことを自慢に思ったし，親にもほめられた。母親の苛立ちと失望に共感することは可能であり，マーティンがうまくいかなかった散歩を嘆くことができないために，お互いに満足できる出来事を思い出し繰り返したいという思いが生じたということを，母親と一緒に考えることもできた。最初，母親は防衛的で，軽蔑的に（しばしばそうだったが）「えっと，私はセラピストじゃないわ」と言った。同時に母親はすぐに「かわいそうな子」とも言えたのは，マーティンの苦闘をわかっており，マーティンがわざと挑発的な振る舞いをするおかしな子どもだと見ているわけではなかったのだ。

ワークの多くは，振る舞いや出来事とその根底にある感情との間をこのようにつなげていき，覆いを取ることを中心になされた。そうしてマーティンの内的状態が母親により見えるようになった。身を切るようなとき，F夫人は息子の根底にある感情状態を理解できた喜びを表すことができ，つながりができたことへの真の安堵感が，彼女の防衛的な不快感を超えたことを表すことができた。

正直なところ，マーティンの親が努力しているという理解をセラピストが保持するのは，とてもやりにくく難しい状況である。このセラピストは，親とのワークを手に負えないように感じることもあったが，マーティンとのワークも同じように手に負えないように感じることも時にはあった。そうして，彼らのどうすることもできない無力感や苛立ちを真に認識することができた。セラピストは，分析の設定は必要のない刺激を最小限にしたシェルターを提供し，真に愛情深い親でさえ家庭内では対処するのを難しいと感じる枠組みをマーティンに提供したと認識している。

父親は，自分の子どもについて考え，分析での進展を考えるときに，そうした進歩は維持できないのではないかと恐れた。一方で母親は，分析での進歩を自分の子どもにはどこも悪いところがない証拠として歓迎した。セラピストは両親の態度に含まれている絶望的な部分を担い，コンテインしなければならなかったが，マーティンがなしたまさに現実的な達成によって和らげられた。一方で，セラピストは，マーティンの進歩に対する現実的な視点を維持し，母親の非現実的な望みに入り込まないようにしなければならなかった。おそらくセラピストと両親とのやりとりの最も重要な局面は，マーティンの自我コントロールと年齢に見合った振る舞いをしようとする努力にセラピストが率直に関心を向け，賞賛したことであった。セラピストの承認と愛情は両親に伝わり，同様に，セラピストとの同一化を通して自分たち自身に生まれかけていた肯定的な感情を解き放つことができた。この情緒的な変化によって，両親はマーティンの限界を認識し，期待を台無しにしているという重荷からマーティンを少し自由にすることができた。これは，親が自分たちの息子を頭の中にも心の中にも抱えることができるようになった親のワークの例と言えるだろう。

臨床素描３

３番目の例では，セラピストが心理療法を担当している子どもの母親とのワークを考察する。子どもが変わらないままでいることに対しては，両親は多くの時間と労力を注いだ。子どものおかげで，親は結婚生活におけるあらゆる葛藤を否認できた。とりわけ外在化と投影によって，両親は自分たちの中の葛藤に気づかずにいることができた。この事例では，母親は自分の子どもを子どもとして認識し，内省できるところにはいなかった。母親は，自分自身の心的ニーズのために子どもを利用し，過去に怖れ，憎んでいた人物と子どもを同一視していた。もし彼らの娘に治療の機会があるならば，明らかに親とのワークは必須であった。それは，第一に治療から子どもを撤退させないためであり，次に親自身の外在化に照らして娘を見るのではなく，あるがままの娘を見ることができるようにするためであった。しかしながら，両親の心の中の子どもを彼らの防衛から解き放す過程は，子どもがあるがままに存在することを可能にしたが，それは，親の防衛構造全体が脅かされることを意味したので，そこにはリスクがあった。変化に伴うリスクの根底にあるものは核心に直接関連しているように思える。結局，家族が子どもを援助に委ねる時，問題があると明言しているにもかかわらず，まさにその問題こそが適応のための努力を象徴しているのかもしれない。家族それぞれの心的機能は，さらなる恐怖を寄せ付けないために恒常的なバランスを構築することに向けられているのかもしれない。

８歳までに，「ヴェラ」はいくつかのクリニックにかかっていたが，介入の試みはすべて失敗していた。紹介されたとき，G夫妻はヴェラが弟を傷つけるのではないかと怖れていた。ヴェラの意識上の生活は，この弟を嫌悪することで占められていた。ヴェラは親密さに耐えられなかった。また，常に自分の要求が通るようにコントロールし，言葉の暴力も酷かった。学校では友達がいなかったが適切にこなせていた。ヴェラは分析の初めの頃は来たがらなかった。ヴェラは憎たらしい子どもとしてセラピストの前に現れた。優しい感情を抱くことに対する彼女の恐怖を理解するまでには長い時間がかかった。

最初は，母親も来ることをしぶっていた。なぜなら，母親も行くということはヴェラがすべての問題の根源ではないということを暗に示すことになるからだった。父親は来ることを拒んだ。母親にとって，援助の必要な子どもをもつことは非常に大きな恥であり秘密にしておきたいことだった。セラピストが直面している課題は，母親－娘関係を一緒に見ていくための心的プロセスにほとんど気づくことのできない母親と，どのようにワークするかということだった。どのような類の「契約」のもとでワークが行えるのだろうか？ 最初にセラピストは，協力者として母親の参加を得た。そして，ヴェラとのワークを行うには母親の助けが必要だと言って，ヴェラの母親としての重要性を実証した。セラピストはまた，ヴェラを援助する方法を見つけるためにヴェラの反応を母親が理解できるよう手助けすることを提案した。明らかに，この「契約」は，セラピストは母親のセラピストになるのではなく，むしろ，母親がそうありたいと望む「良い母親」になれるよう援助できる人であるというものだった。最初の１年間Ｇ夫人はしぶしぶと，警戒しながらやってきた。セラピストが自分を悪い母親だと見ているのではと絶えず予想していたのが減じてきたときから，母親は娘への本当の気持ちを話し始めた。そして，母親は自分の憎しみと自分が娘を世話し続けねばならぬと感じている義務感を口にすることができた。この時点で，母親は以前よりも頻繁に来談し，定刻に来るようになった。

こうした安心感をもつことで，セラピストと母親はヴェラの攻撃的な振る舞いの背後にある恐れについて一緒に考え始めることができた。このワークには二重の成果があった。それは母親が自分の娘を自身の感情，恐れ，願望をもつ，傷つきやすい一人の人間として見始めることができたことである。それと同時に，家庭での相互関係の中でヴェラの心に起きていることを理解しようとするセラピストの試みは，母親の心に起きていることの置き換えであるという解釈につながっていったことである。セラピストは次のように書いている。

「子どもにかこつけて自身の問題を前意識的に当てはめることは，多くの親たちがしていることだと私には思われる。そうすることで，個人治療では触れるのがはるかに難しいような母親自身の諸側面に，母親たちはより耐えることができる。つまり，明らかに子どもがワークの中心であるけれども，親とのワークでは独特な治療的機会があるのだと思う。しかしながら，当然，セッションの外で多くのワークスルーがなされねばならない。母親が自分自身の中に置くことには耐えることができず，子どもの中に置いたものに耐えることができるようになると，耐えられないことが耐えられるようになるのである」

この過程において，母親と子ども双方の変化は相互に影響しあっている。上記で引用したセラピストは，子どもに焦点を当てて問題を置き換えている中で，どのように親がワークできるのかということを説明している。自分自身にもっと直接的に焦点を当てることに耐えることができる親もいる。セラピストにとっての課題は，どれが最も良い結果を生むのかを感知することである。しかしながら，もし母親が変わることができなければ，子どもは以前には耐えることができなかった部分に気づくようになっていてもそれを消さざるをえなかったり，その進歩を止めざるをえなかったりするかもしれない。ヴェラと母親のように母子が密接に絡み合っている場合，個々のワークでも同じような問題が同時によく生じてくる。母親と子どもはセラピストの心の中で自然と和解していく。セッションの中では，焦点は特定の患者に当てられるが，セッションの外では，親と子ども双方とのワークから生じた情緒を活用し利用する前意識的なワークがなされている。

たとえば，母親の残忍さの問題は，同時期に母親と娘のセッションに表れた。それぞれの素材は秘密にされた。ヴェラの治療の2年目になって初めて，転移と逆転移を通して，ヴェラの自殺願望が母親を殺人者としてみていることに関連していることがわかった。この頃，G夫人は以前もっていた自分の母親についての理想化を手放し，自分の母親はひどく抑うつ的だったためにかまってくれなかったと感じていることを率直に認めることができた。

やがて，G夫人がすべての関係性について防衛的に考えていた理想化は弱まり，憤りと嫉妬を含む強い情緒が代わりに生じてきた。母親が自分の嫉妬について語り始めると，ヴェラが弟を憎むことを否認する必要がなくなった。興味深いことに，母親が自分の嫉妬と罪悪感を認めることができて初めて，ヴェラは自分の嫉妬と罪悪感を認めることができたのだった。最も印象深いことに，この後ヴェラが思い出したのは，自分の弟に対する憎しみは，一緒に住むことになった従兄弟に対する弟の嫉妬を目撃したときに悪化したということだった。このように，ヴェラは母親が自分に対して使っていた外在化という同様の機制を弟に向けて使用していたのだった。自分の憎しみと嫉妬についての罪悪感を否認する必要がなくなったことは，弟がいることにヴェラが対処できる態勢になってきたことを意味していた。

セラピストは母親の憎しみの基底にある感情の認識に向けて母親とワークし，そうした感情をひどく恐ろしいものとする非常に厳しい超自我を修正し，抗えるように援助した。G夫人は完璧であらねばという気持ちに駆り立てられ，どんな小さな過失もこの世の終わりのように捉えていた。母親がこのことに気づいたのは，彼女が家族のために準備した休暇の時だった。その時，すべてがうまくいっていた中で，些細なしくじりを彼女はまさにトラウマとして経験したのだった。他のみんながうまくいった休暇を喜んでいたので，母親は自分の反応の不適切さと，内的な批判が自分の生活を支配していることに気づかざるを得なかった。母親は，多分どこか自分はヴェラと似ていると言い，自分が経験してきたことが子どもたちを理解する助けになることを望んだ。このことは母親自身の問題についてワークするモチベーションとなり，3年目のワークは，自身の問題に関連するものになっていった。より一貫したワークや解釈も可能になった。G夫人は自分自身のニーズを認め始め，母親とヴェラは本物の親密な関係を持つことができた。それと同時に，ヴェラの要求に対してより正直に腹をたてるようになり，より良い制限を設けることができた。

親と子どもの両方とワークすることは，多くの検討すべき問題を浮かび上がらせ，特に転移の展開に関連して多くのことが生じてくる。このようなワークでは，親とセラピストが似ていると子どもは見なすだろうし，転移は親との現在の関係のみを反映するだろうと言われている。確かに最初は，ヴェラのセラピストとの関係は，親との関係だけでなくほとんどすべての対象との関係を含む通常の型を反映していた。後になって，分析のワークによってポジティヴな情動が解放されると，それはまずは母親との関係で現れ，セラピストは陰性転移を担い続けた。

親とのセッションは，継続中の子どものワークを妨害するとも言われているが，子どもが親のセッションを気にすることによってそうなる。これは病理があまり複合的ではないか，あるいは親との現在の関係によって病理が存続し，完全に内在化されている場合に生じるようだ。しかしながら，ヴェラの場合，憎しみの防衛を維持することに没頭するあまり，直接的な関係のある対象以外にはほとんど気づかず，母親とのワークに彼女が気づき，影響を与えることはほとんどなかった。

臨床素描４

最後の事例は，両親それぞれが抱えている病理のために子どもの発達をひどく歪め，自己愛的な関わりをしている両親とのワークである。セラピストは父親とのワークが，とりわけ骨の折れるものだと感じた。

「タンクレッド」は，重い学習障害と行動障害のために７歳の時にアンナ・フロイト・センターに紹介された。親であるＨ夫妻は，ただ退学を避けるためだけに紹介を受け入れた。アセスメント過程で，両親は二人とも自分たちの第一子が特別であり，天才になると思っていたことが明らかとなってきた。両親の子どもに対する態度と扱いは，子どもにつけた名前に反映されているように，彼は比類なくすばらしく，特別だという考えに基づいていた。タンクレッドの発達は早熟で，親の信念を確たるものとし，強化した。要するに，両親は子どもの万能感を確立し保持するためにできることは何でもした。同時に，あらゆる危険や失望から子どもを守ることができると信じていた。

タンクレッドは週５回の分析を提案され，両親は経験のある精神保健福祉士とのワークを提案された。両親は自分たちの担当者に協力したがらず，子どものセラピストとのワークを要求した。最終的に，治療を守るために，タンクレッドのセラピストは２週間に１回会うことで同意した。ある意味，両親の万能感と共謀しなければならなかったのである。しかしながら，セラピストが両親に焦点を合わせてワークするとＨ夫人が自分の息子の障害についてより現実的な見方ができることがわかった。Ｈ夫人は，夫ほどタンクレッドの問題に巻き込まれておらず，どのように息子の役に立てるのか正しく理解し始めた。タンクレッドが，万能感に頼らず，現実的な真の可能性について理解するようになるのと並行して，Ｈ夫人は息子に対して徐々に，より年齢相応の要求を自発的に行うようになっていった。Ｈ氏の自己愛的なニーズはあらゆるところに浸透していった。

次に述べることは，そうした困難さを示している。タンクレッドはずっと悪夢を見ていた。Ｈ夫人はそれを最近テレビで見た事故と関係づけた。ジェットコースターの事故があり，親の目の前で子どもが亡くなったのだった。治療の中で，タンクレッドは力のある親もセラピストも子どもを救うことができなかったのだと恐怖で絶叫した。彼は，親的な自己対象が，誇大自己を守ることができなかったことを通じて，自分の万能感が傷ついたことをはっきりと感じた。セラピストは，親が自分の子どもを守れなかったというタンクレッドの苦悩を言語化した。Ｈ氏は感情を爆発させ，跳ねるように立ち上がり，拳でテーブルを強く叩き，「俺は全知全能の神ではないんだ。子どもを救うことができなかったんだ」と叫んだ。彼は椅子を倒して部屋を飛び出し，セラピストは後から知ったことだが，その後お酒を飲み，車をぶつけた。

この最後の事例は，ある種の親とのワークの難しさを顕わに示している。タンクレッドのセラピストは，以下のような見解を述べている。親の自己への気づきと子どものニーズへのいくらかの気づきにつながるような風穴を見つけることは可能であったが，もし介入の時期を誤ったならその結果は悲惨なことになるのだと。その場合セラピストとの接触は失われ，自己の誇大性が再び持ち込まれる。このような親とワークしているセラピストは，自分の治療的立ち位置という難しい課題に直面させられる。迫害的な対象にならないように非常に苦心しなければならず，親の万能的な防衛と共謀するという逆の危険性とのバランスを取ることが必要である。治療を維持するために，セラピストが挑みもしないし共謀もしないでいられる立ち位置があるのだろうか？

別のそれほど難しくない事例では，「終了した」臨床記述は，うわべには容易だという印象を与える危険性がある。臨床上の出会いの直観というものは，現実的には，セラピストがその時々で働きかけるということである。セラピストは，応答し，照らし返し，その局面局面を取り上げ，介入のどれが効果がありどれはうまくいかないといったように，介入にどのような反応があるかを綿密に観察するといった，継続的なプロセスに取り組むことになる。

＊　＊　＊

親の語りの中に現れる子どもは，複雑な存在である。ある部分は今の現実から，ある部分は親自身の内的な生育史から紡ぎだされ，親自身に適合させたものである。たいていの場合，親が自分たちと子どもに援助を求めるようになるときには，子どもへの気持ちや理解についての複雑なものが損なわれてしまっている。もちろん，そこにはそうなったさまざまな事情がある。そうだとすると，おそらく課題は，単に子どもについて考え応えるために親とともにスペースを創り出すことだけでなく，そのスペースは子どもの複雑さを回復するのに十分な広さや深さがあることを保証することでもあるのだ。

第3章

子どもを心に置き留めること

セラピー中の子どもの親とのワークについての考え

アン・ホーン（*Ann Horne*）

子どもの心理療法士が親と行うワークは非常に柔軟である。ファーマン（Furman, 1991）は，親との間で長期間なされた慎重で注意深いワークについて述べている。それは，家族を亡くした少年の母親に対する，自我レベルでの理解を高め，サポートを提供するものである。これは，オハイオ州クリーヴランドのハンナ・パーキンス・ナーサリーで彼女が開発した代表的な技法である。ウィニコットは自身の著書の中で，驚くばかりの影響を与える，かなり大胆で勇敢な親へのコンサルテーションを提示している（たとえば，ウィニコット Winnicott, 1971）。世界における親・乳幼児のワークの発展は，愛着プロセスを強めるような早期の短期介入を可能にしていった（たとえば，Daws, 1989 ; Hopkins, 1992 ; Stern, 1995）。この章では，このような精神分析的な理解の多様で発展的な応用を取り扱うつもりはない。むしろ，心理療法を受けている子どもの親や主たる養育者とワークしている子どもの心理療法士のプロセスについて述べていく。

英国の子どもの心理療法士の訓練では，訓練生はスーパービジョンを受けながら，専門家に心理療法を受けている子どもの親や主たる養育者と定期的にワークすることが必須とされている。この要件は理に叶ったものとして組み込まれてきた。それは1980年代に社会福祉士の訓練が変化したことへの反応であるようにも思える。この変化は，一方で研究しやすい認知／行動療法を強調することになり，他方では，管理や調整を行うといった性質の児童保護の事業がより優先されて，精神力動的な親とのワークを行う可能性が損われることになった。さらに時間の節約のために，子どもや家族を対象にしたメンタルヘルス機関に多職種の専門職員を置くことが非常に困難となり，特に精神保健福祉士が地方自治体の資金カットの犠牲者となっている。

そうはいっても，親とのワークの経験の必要性は，財政的圧迫や専門職の動向に反応できるほどには実践されてはいない。子どもの心理療法士は子どもとワークし，特に子どもの内的世界や子どもに生じた感覚に焦点を当てて子どもを理解するため，あまりにも容易に子どもの立場にのみ同一化してしまう。いくつかの作用によって，こうした圧迫が生じる。

1. 子どもと家族のメンタルヘルス機関で働く専門家たちは誰しもが,「かわいそうな子ども・ひどい親・良いチーム」といった対立を扱う必要がある。私たちは，子どもの心理療法士として,「原因」,「診断」,「治療」,「治癒」の概念が日常的に使われているチームの中で働いている。原因論には相互作用的な性質があるため，家族の中の子どもの複雑さについて細やかに考え，性質や環境，成長，家族史，家族神話，期待といったものが展開し，相互依存的に影響することを熟慮するように当然要求される。1940 年代当時の精神医学の見解（Klauber, 1998 参照）や，ティシュラー（Tischler, 1971, 1979）が精神病の子どもの親とのワークに関する２つの論文で取り扱った病理的な家族という概念に依拠する方が簡単かもしれない。確かに，対象関係理論や子どもの分析に関する初期の論文の論調，そして，子どもの分析はこうした傾向を妥当としているため，分析における困った要因は親であるかのように思えるのかもしれない（Klein, 1932, p.32）。したがって，私たちが情緒的に苦しんでいる子どもや若者，その家族に関わるときに，臨床チームの中で作用している転移と逆転移プロセスについて気づきを共有することはきわめて重要である。

2. 多くの親にとって，私たちの援助を求めてやってくるときに持つ恥の感覚は，「悪い」親または「不完全な」親という感覚の強化因子として働く。それは子育てに失敗したという親の感覚がチームに投影されているものであり，親とのワークで取り組まねばならないことである。これは多様な形で表現され，その多くは治療的な関係とは正反対に見えるものである。たとえば回避的な親，激怒する親，批判的な親があげられよう。確かに，投影の原始的防衛プロセスを考えてみると，このような投影された感情が，その投影対象によって全力で戻されるであろうことは理解しやすい。これは親がクリニックに通いづらくなる理由の1つである。したがって，親，そして親とワークする者の役割は，原始的な感情を丁寧に考えていき，消化しやすい方法で戻すというコンテインメントのプロセスのための心の空間が必要である（Bion, 1962a）。子どもの心理療法が治療として選択されるためには，親と“ほど良い”協働的なパートナーシップが構築できるかどうか，注意深くかかわり，探索をして判断する必要がある。
3. 親とワークする子どもの心理療法士には，苦しみ混乱した子どもを取り巻くシステムにおいて生じているプロセスを考え理解する能力が必要である。コルヴィンとトロウェル（Kolvin and Trowell, 1996）が，性的虐待を受けた子どもとの関係において述べているように，ネットワークの中にいる専門家には個々の家族メンバーの立場が反映されやすい。これには，子どもの内的世界だけでなく，家族の防衛やプロセスの再演も加わることがある（Horne, 1999）。したがって，子どもの心理療法士の訓練生は，個々の親の内的世界を認識し，かつ家族システムやネットワークの中にある分極化と投影について考えることのできるポジションを保持できるような，経験豊かなスーパーバイザーを持つことが重要である。
4. 最後に，「ほど良い」親であるということ（Winnicott, 1965）はどういうことかという私たちの概念に対して向き合う必要性が生じる。臨床チームの万能感が介在しているかもしれない。たとえば，養育について深刻な懸念が存在する場合のリスクを調べる必要性，自身の子ども時代の経験や至らないという感覚，また，母子の密接な対の関係を子ども時代の精神病理の「原因である」と見なす理論的基盤といったものであり，それは，親の相互的な経験の感覚をもてなくしてしまう。相互的な経験には，子どもが自分の経験から自分のポジションをとるようになるのと同様に，親にも子どもとの関係でポジションをとるのを後押しするのである。これらすべては混じり合っている。このような複雑な現実に直面すると，「悪い親」と位置づける方がより安易なのかもしれない！

親面接の本質

子どもの心理療法士によって行われる「親とのワーク」の本質にまつわる論争が長い間ある。この心理療法は親のためなのか？ 子育てを支えているのか？ あるいは，困難を抱えた子どもの親であるという独特の経験に適用できる精神分析的洞察と技法がなす複雑できわめて洗練された方法があるのか？ 児童心理療法士協会（Association of Child Psychotherapists）は，これらの事柄の中の優先事項を明確にしている。

> 訓練生は，親とのワークの経験をもたねばならない。治療を受けている子どもの親かあるいは子どもや青年を焦点としたワークがなされている親とのワークである。これは大人の心理療法ではない［ACP, 1998, p.5］。

親の了解が得られるならば親に対する心理療法に移行することが可能であると示唆されてきている。ACPは単にコメントをしているにすぎないのだが著者は根拠が不確かだと思っている。子どもの心理療法士の訓練生が混乱した親との心理療法に従事する場合，訓練要件を満たすためには，大人との心理療法とは異なる性質をもつ親とのワークという経験が必要である（ACP, 1998, p.5）。

親との契約は普通，子どもの治療に関するものである。したがって，ワークの焦点は，たとえ子どもの発達を妨げているのが親の不安だとわかったとしても，子どものことに焦点を当てるべきである。親のニーズが明らかになれば，子どもの親という関係で関わりを持ちながら，親自身の問題に対する守秘性とプライバシーは保持して，成人の心理療法士である同僚に紹介することは意味がある。このことは，成人と子どもの両方の心理療法士の資格をもつ者には不必要なことに思えるかもしれない。しかしながら，親に関係している事柄に真剣に取り組むと，子どもの問題とは切り離すことができるため，子どもにとっては子どもが治療の中心であるという感覚を保持できる。

事例

メーガンは，8歳の時，小学校から紹介されて来た。彼女は集中力がなく，大人に対して不適切に見境なく愛情を求め，友達がおらず，からかわれるように見える外観が懸念されていた。校長はメーガンの母親であるＪ夫人を怖れていた。Ｊ夫人は，学校に呼び出されると，怒りが爆発する傾向があり，メーガンに敵意を抱いているようだった。メーガンは胃の調子が悪く，ずっと検査をうけており学校をよく休んでいた。

Ｊ夫人と新しい夫（メーガンの継父で，好感のもてる人ではあるが役に立たない人）は，メーガンについて思っていることや困っていることについて話し合うために一緒にやってきた。次のことが数週の間に明らかになった。Ｊ夫人にとって，娘の存在は，虐待を受けた自身の子ども時代や暴力的だった最初の結婚を生々しく思い出させ続ける存在であった。メーガンは最初の夫によるレイプでの妊娠で生まれた子だった。Ｊ夫人のメーガンに対する隠されていた暴力的な感情が徐々に現れ始めた頃，メーガンは治療の中で，母親が自分を憎んでいて死んで欲しいと思っていると話し始めた。Ｊ夫人は自分の混乱の度合いにこころがかき乱されており，Ｊ氏はこの状況に怯えており，メーガンの安全を請け負える人ではないことが明らかになった。親と共同してワークを行ううちに，社会福祉サービスと成人の精神保健サービスの両方につながることができ，専門家の会議で「共同ケア」計画が立ち上げられた。メーガンの安全が確保されると，J夫人は精神科医にメーガンを殺したい強迫衝動について話すことができた。たとえば，バスにひかれるようにメーガンを押すという空想を行動に移さないようにスーパーマーケットから裏道を通って帰る必要があるといったことである。

J夫人が成人部門に移った後も，最初に親とワークしたセラピストが引き続き担当した。このセラピストの役割には，成人精神保健サービスでも子どものことを心に留めおいておく役割が加わった。J夫人が治療を中断し，彼女の治療チームから「人格障害は治療不可能」との返答があったとき，成人治療チームがリスクアセスメントに従事し，J夫人，メーガン，J氏，そしてメーガンをサポートしている人たちの不安をコンテインする慎重な計画に携ることが肝要だった。メーガンは里親（監督者つきでの親との面会交流）から寄宿学校に移るまでの数年にわたって心理療法を続けた。そして，母親が精神医学的な問題を持っていることによる親能力の問題と責任性の問題について熱心に取り組んだ。メーガンは今でも自分のセラピストに手紙を書いている。

子どもとワークしている子どもの心理療法士が親に会う場合

子どものセラピストが治療の過程で，チームの他のメンバーに依頼する必要がなく，子どもの親と直接会う場合もあるだろう。これは，5歳以下の子どもとのワークではよくある。その場合，自分の生活圏にいる大人は皆が自分のことや自分の気持ちをよく知っているという期待を子どもは持つ。そのような万能感は，親－治療者関係を振りまわす可能性がある。潜伏期の子どもとのワークにおいて，症状がより神経症的な性質であったり，親が子育てのサポートをあまり必要としてていない場合には，セラピストと共同して取り組むことも可能である。このような場合でも，秘密保持の問題が重要であることに変わりなく，それは第一に考慮される必要がある。このようなワークは，たいていの場合，従来は限られていて，心理療法の進展や懸念が共有される学期ごとのミーティングに含まれる。ラスティンが述べているように，その目的は，

> セラピストと親との間の協働関係を維持すること，家庭内，学校，そしてより広い社会で子どもの成長だと感じられることをセラピストに提供すること，親に心理療法について質問の機会を与え，子どもを援助するセラピストの能力への信頼を確かめる機会を与えることである。[Rustin, 1999, p.87]

親と行うこうしたアプローチは，成人の精神分析で行われる完全な守秘性を子どもの分析に応用した初期の面接スタイルからおそらく発展してきたものである。それは，心理療法の開始時に親に会った後は最小限の接触だけにするようにし，転移の純粋性を保持し，心理療法と子どものより広い環境とを隔てておくことである。これをうまく対処できるには，人格がきわめて統合して，「地に足のついた」親でなければならないが，親を咎め締め出すように感じられる技法だと思われることもよくあるに違いない。心理療法が親とセラピストとの間の程よい信頼でもって確立されており，治療の進展を妨げるような問題が親にはなく，かつ定期的な親面接があることが示されている場合には振り返り面接が親との十分な接触となる。振り返り面接は，同僚による定期的な親面接にも有用な役割を担っており，子どもの同意を得て，子どものセラピスト，（両）親，子ども，同僚が振り返りをするために集う。

滅多にないことではあるが，子どものセラピストが子どもの家族と関わっているただ一人の専門家であることが起こりうる。そのような状況では，明らかに転移がスプリットされる危険性がある。「振り返り」役をする時にもそのことを心に留めて置くことは重要である。おそらく私たちはこのことに

慣れてきており，その対処にも慣れてきている。今では，たとえば，待合室やセラピールームと同様に，受付係や掃除係をも含むクリニック全体に対する子どもの転移を予想し，心理療法の中でこれを扱い，統合させることはごく普通のことである。しかし，より広いネットワークと関っているときには，人はより脆くなる。

事例

「サリー」のセラピストは，学校での振り返り面接に参加するよう，学校から，そして5人の子どもをもつ，寡夫であるサリーの父親から頼まれた。サリーは週に3回の心理療法を18カ月間受けていた。この心理療法はうまく進んでいた。父親はサリーのセラピストと毎月会っていた。家族と期限設定のワークをしていた家族療法士は，セラピーを終えてクリニックも辞めていた。

サリーは，内気で悲しそうで，勉強もできない子どもだったが，喜んで勉強し，友達とも関わるようになり始めた。しかし，サリーは，新しく見つけた「自分」にうまく対処できるような社会的スキルを欠いていたために，頑張り過ぎや活発さは不作法とみられることもあった。サリーの父親は，礼儀正しい人で，学校からのこの報告に狼狽し，ただ批判されているだけだと受け取り，セラピストに「でも，サリーはあなたに不作法ではないですよね？」と訊ねた。実際のところ，サリーは今や挑発的であった。セラピストは身動きがとれなくなったように感じており，セラピーはあまりうまくいっていなかったので，サリーは不作法ではないと自信なさそうに答えた。

次のセッションで，サリーは勢いよく部屋に入ってきて，「学校の会議で嘘（porkies）を言ったでしょう！」と大喜びで言った。[“porky-pies” はロンドン東部訛りのスラングで“嘘”]セラピストが返答に困っていると，サリーは「大丈夫よ。ここは違うってわかっているもん」と言った。

おそらく，子どもは私たちよりもスプリットされた転移の問題をうまく処理することもあるのだろう。

よくあることではないが，子どもとも親ともワークをしている子どもの心理療法士のモデルをとても有意義に利用したことが，イリス・ギブス（Iris Gibbs, 1998）の6歳の「エマ」との非集中的な心理療法についての論文に書かれている。養子縁組に失敗した後，エマはギブス夫人と心理療法にやってきて，30カ月後に養子縁組はうまくいった。

> 養子に行った家での最初の6カ月間は非常に難しかった。エマは母親を限界にまで追い込んでいた。エマはソーシャルサービス[注18)]に連れ戻される夢を見るようになった。エマは母親に髪をとかすなど身の回りの世話をさせなかった。エマは新しいタイツや服に穴を開けて学校からセッションにやってきた。彼女は自転車から落ちてばかりいて打ち身だらけだった。セッションでエマはわざと私に取り入ろうとし，しばしば母親に対して冷酷で罵っていた。それにもかかわらずエマは母親が部分的にセッションに参加することを要求した。徐々に治療に変化が生じてきた。私は，エマが母親の髪の毛を触ったり，匂いを嗅いだり，舐めたりして遊ぶことで母親に近づこうと痛々しくも試みているのを目にした。これは母親にとっては扱いにくいことだったが，これに耐える母親の能力に感動した。これに関しては，エマは，母親の匂いや声を初めて発見した赤ちゃんのようだった。別のやり方で，エマは不完全で傷ついた価値のない自分自身を少しばかり見せるという冒険をしていた［p.10］。

子育て関係を構築するために，エマは創造性を働かせ，親を巻き込んでセラピストとのワークを進めていき，セラピストも柔軟に対応していった。それは，母親によって応じられ促される赤ん坊の原初的創造性であるとウィニ

注18）政府や地方自治体が担う社会福祉事業。

コット（1965）が述べているもののようである。おそらく，私たちのすべての仕事において，何が心理療法であり何が親ワークであるのかに関して人為的な境界線を引くのではなく，このような創造的なやり方で応じる能力を保持することが重要だろう。

同僚のために（両）親／養育者に会う場合

心理療法のための準備

> ……妊娠中の女性は，自分自身の子どもに対して母親役をしなければならない一方で，自分自身の母親の子どものままでもある。早期の子ども時代の自分の母親との同一化が呼び覚まされ，自分自身の子どもとの現実の関係と比較する。[パインズ Pines, 1993, p.62]

この率直な言明に，パインズは親とのワークの本質をいくらか含めている。つまり，親と一緒に子どもを心に抱えることと，親自身の子ども時代の経験（そしてそれゆえの家族のあり方や期待）を子どものニーズや子どもの現実から区別するのを援助することとの良好なバランスについてである。実際のところ，この領域における最も役に立つテキストとしては，精神力動的なケースワークについて学んでいる精神保健福祉士や医療福祉士と保護観察官のためにこれまでに作成されたものがある。（例，ザルツバーガー－ウィッテンバーク，Salzberger-Wittenberg, 1970）。最初の紹介時点では，子どもの心理療法に親のサポートを見込むことはできそうにないかもしれない。実際に，クリニックのチームが，子どもにとって心理療法が有益だろうと感じているにもかかわらず，そうした動きに反対する状況があるかもしれない。それゆえに，心理療法の準備に取り組むためのスペースが親とのワークの中にはある。

事例

K夫妻は，長男の反抗的な振る舞いや，弟に向ける攻撃性や，他の少年への暴力のために退学になったことに困惑していた。「アリ」は14歳で，トルコ系キプロス人の両親から生まれた二人兄弟の兄であり，家族から大きな期待をされていた。父親はアリを叩くことは効果的だろうと考えていた。しかし，アリがあまりに大きくなったので，叩けなくなった。母親は，留守がちな父親が非難されるべきだと考えていた。アリが両親の寝室の外に自分のマットレスを置いて寝ていたことが明らかになったが，理由は誰もわからなかった。

最初の家族面接で，アリに本当に援助が必要なのかどうか両親は言い争い，親どうしの考え方の違いが明らかになった。クリニックのチームはアリが週1回の心理療法を行う可能性を考えた（事実，後に実現した）が，この時，アリは両親の間でエディパルに板挟み状態となり自分の意志で援助を受けることを許可されないように，親の結婚劇の中でアンビヴァレントな役を担っているように感じられた。アリの治療に両親が同意できるのか，夫婦の関係に巻き込まれているアリを自由にしようというつもりがあるのかを探るためにまず夫婦と会うことに決まった。

セラピストは親と数カ月にわたって毎週会い，月1回家族面接を組み込んだ。ある興味深いパターンが現れた。K夫人はK氏よりも数歩先にクリニックに到着するのである。K夫人は最初に受付係に会ったときから，体調不良や，K氏が手助けしてくれないことや，彼女の生活が非常に厳しいことについて，うんざりするほどたくさんの文句を言い，K氏はK夫人の後ろであざけるように口を動かすのだった。二人とも際限なくこれを繰り返しながら面接に入っていった。セラピストは逆転移の中で，ひどい苛立ちや怒りやうんざり感に気づき，話が途切れたのでやっと子どもに対する夫婦の関わりについてコメントをした。K夫人は言葉で，K氏は態度で，二人とも望みを失っていることを表しているにもかかわらず，面接に来続けているのだと。このコメントは夫婦にむしろショックを与えた。K夫妻は初めてお互いを見つめた。そして，変化を起こすことはもはやできないかのように，誰もが希望を失っていることを夫妻は望んでいるように思えることに，セラピストは着目した。これは恐ろしい感じがするに違いない。夫妻はその通りだと認めた（セラピストは感情を抑えた。彼らは否定的なことであるにもかかわらず同意したのだ）。しかしながら，家族にとって普通のことだが，K 氏の不在（K 氏の言い訳によると「男どうしの寄り合いは，キプロスでは普通のことだ」）と K 夫人の小言（「夫に言い聞かすには他にどうすればいいのか？」）にアリの反抗が輪をかけており，そうしたテーマを十分考えてみる代わりに，K 夫人はハンドバックを開けて，姉がキプロスから来ていて，セラピストへのプレゼントがあると話した。K 夫人はセラピストに「邪悪な目を撃退する」青い石をプレゼントした。お守りの石が必要だという置き換えを通して初めて攻撃性のテーマに近づきやすくなった。

その後，数週間にわたって，悲しみと世代間の問題の話が現れた。K 夫人はキプロスで父親と仲が良かった。実際，この父親は K 氏を娘の夫として認めてくれた。夫妻は K 夫人の父親が「魅力があり！」健在だった頃を思い返していた。K 夫人の父親は，K 夫人がロンドンにいる間に亡くなり，彼女は葬儀に実家に戻ったとはいえ，自分が苦痛を被った 3 度の流産が，父親を失望させたことと関連しているのではないかと感じていた。ずっと後になって，K 夫人は父親と特別な関係にあったことに対する罪悪感と，そのために母親と親密になれなかったことに触れることができた。K 氏は妻の強い悲嘆と流産から締め出されているように感じていた。この夫妻の受動性が攻撃性と深い悲しみを覆い隠していたのだった。

両親は，アリも母親と似たように，母親と特別な関係があり，このことが K 氏を妻から締め出していることにつながっていることに気がついた。夫妻は自分たちのためにクリニックでの夫婦面接に同意し，アリの心理療法を承諾した。

同様に，親の躊躇には，恥や罪悪感の複雑なシナリオが隠されていることがある。

事例

「ベン」が，母親であるL医師に女の子になりたいことを告げたのは6歳の時だった。ベンは女の子の玩具（バービー人形をクリスマスプレゼントに選んだ）で遊び，大きくなったら女の子になると言い張った。ベンはスパイスガールズの絵を描き，衣装や髪型について長々と話した。ベンの態度は頑なで変らないことがわかり，両親はどうしたらよいのかわからず途方に暮れていた。また　ベンはちょっとしたことで怒り，邪魔されていると感じるため，兄と二人の姉との家での生活は我慢の限界にきていた。ベンは，取り乱すと，激怒して泣き叫び，コントロールできないほどに泣きじゃくった。同級生との関係もぎこちなく，ベンは学校で歓迎されなくなり始めていた。

ベンの両親は，彼がまだ6歳ということで，心理療法を受けることに気が進まなかった。両親は専門家だったために，今，援助を受けることが後々に生じる困難を防ぐということに耳を傾けることはできたが，母親はベンが「病的」であるとすることには不承不承であり，ベンの父親はそれに受け身的に同意した。そのためベンの行動への対応について考えるために両親との面接が設けられた。

面接では，流産，病気，またベンが生まれてきたことが奇跡とも思われるほど，母親の健康面にリスクがあったというこれまでの歴史が明らかとなった。L医師は，ベンの姉の困難な出産の後であり，妊娠しないようにと助言されていたこの子についての感情や，夫がこの妊娠に結託し，妻よりも息子の方を好きなように思える夫についての感情をごまかしていた。セラピストの援助で，L医師は子どもと夫に対する自分の恐れや怒りに取り組むことができ，夫は妻の方が医学的知識が多いこと対して感じている無力さや妻を失うのではないかという恐れを話すことができた。ベンは無意識の怒りすべての受け皿に知らず知らずのうちになっていたことが明らかになった。特に，ベンの母親は，子宮の中にいるベンを憎んでいたせいで，彼が女の子になりたいと思うようになってしまったと感じていた。

ベンの親は，夫婦であることについて探索すべき問題があることや，夫婦関係に関する多くのことがベンを使って避けられ，ないことにされていたのに気づき，成人カップルに特化した夫婦面接への紹介を受け入れた（ラスツィンスキ，Ruszczynski, 1993，がこのアプローチについて記述している）。それからベンに対して定期的な心理療法を始めることが可能となった。両親のセラピストは，頻度は少なくなったがＬ氏とＬ医師に引き続き関わり，心理療法の振り返りとベンが女の子の服装をしてスパイスガールでいたいと願うことについて両親を援助することに役割を限定した。熟考した上で，両親のセラピストはこうしたことを行った。それによって，ベンの心理療法とセラピストをさらなる投影のリスクから守ると同時に，両親は夫婦面接から洞察と自信を得た。そして，両親の個人的な問題を聴いてくれて今もなお役立ち，気にかけてくれる親として，両親に注意を向けてくれるワーカーを得たのだった。

協働関係（パートナーシップ）

多くの親にとって，親ワークを成功させる鍵は「協働関係」である。このことによって私たちは，心理療法士として，関わっていく親たちとの関係で私たちが取る態度について再考せざるを得ないだろう。息子の非行を恥じている黒人の父親に初回面接で手を差し出されて「すみません。握手はしないのです」と言うのは助けにはならない。しかしながらこれは，精神分析的には別の文脈で考えられるかもしれない。親ワークのプロセスのある部分では，親／養育者が子どもについて，また親としての自分たちの役割について好奇心を持つような気持ちを促し，親機能を強化することを目指すアプローチでなければならない。

特に親が恥や失敗の感覚を持って私たちの所に来る場合には，子どもと一緒にそして子どものためにワークするパートナーとして親と関わることは役に立つ。

事例

「ジャスミン」はアフリカ系カリビア人の若いシングルマザーで，貧困，犯罪，落書き，破壊行為がはびこっている南ロンドンの公営団地に住んでいた。長女の「ローズ」は学校（勉強はせず，ずる休みをし始めていた）でも家でも問題を抱えていた。家では母親に敵対的で，イライラしていて，反抗的であった。ジャスミンは残念なほどにはっきりとした人種的固定観念をもっており，自分の問題について非常に恥じていた。ジャスミンは約束をキャンセルし，接触をさけていたので，セラピストはジャスミンと関わることが難しいと感じていた。セラピストは家庭訪問を申し出て，ジャスミンはそれを受け入れた。自分のテリトリーでは，ジャスミンは違っていた。彼女は誇らしげな様子で，実際にどのように家事を切り盛りし，実際の生活をいかにうまくこなせているのかを見せた。これは通常ではあまりなされない関わりであるが，彼女の自分ができるという感覚を強化し，力関係の微かな変化を含んでいることをセラピストは認識していた。ジャスミンはローズに上手く対応できない悲しみと，白人の担当者から，不適格な黒人の母親と見られるのではないかという恐れを話すことができた。そして，ためらいがちではあるが，治療同盟が生じ始めた。

今回の親とのワークのプロセスでは，子どもの心理療法の進展を阻害するかもしれない羨望の感情をコンテインすることも目指すことになるだろう。これは，別のセラピストが親やネットワークと会い，「抱える」ことが，ワークが最もうまくいく理由の一つである。このことは，セラピストに対する親の羨望や「セラピスト－お母さん」と子どもとの間にある空想された完璧な関係だけでなく，子どもの治療に対する親の羨望をも含んでいる。ジャスミンは，自分が育児されてこなかったという自分自身の感覚に触れるようになり，ローズの手に入れる援助に対する羨望がはっきりし始めたときに，自分自身に頼れる人がいることはジャスミンにとって非常に重要なことであった。子どもにとって，親自身が話せる人をもっていると気づくことは，最終的には解放されることである。その過程が子どもの心理療法を**うける**ことを可能にする場合もある。

自我のサポート一特に子どもの現実世界において

セラピストが親をサポートして，学校やソーシャルワーカー，また不動産屋など，子どもの環境にうまく対処したり関わったりできるようにすることは，「協働関係」に含まれている。このことは，たとえば，学校での会議に加わることも含まれており，そこでのセラピストの役割は親の「補助自我」になることであり，親が親の見方や親としての考えを明瞭に表現するのを手伝い，サポートすることである。この過程では，学校が親をパートナーとして認識することも手助けする。親と共に自我の技量と能力を強化して発達させることはきわめて重要なことである。あまりにも安易に役割を奪ってしまい，結果として親の立場や威厳を台無しにしてしまうことがある。時には親におだやかに異議を唱えることも，セラピストの役割に含まれるだろうし，こうしたことが可能になるには，良い同盟関係は必須である。

「ほど良い」親であること

トレーニングで正常と病理を学んでいくと，親子関係でのやりとりや発達を見立てるのに「ほど良さ」を見る立場に立つことが難しくなることがある。子どもの経験について強い情緒的衝撃を受けることや転移の中で生じる子ども自身の感覚がバイアスになって，機能している親という感覚からも遠ざかることもあり得る。とは言え，日々の私たちのワークは折り合いをつけることに関わっており，親に何ができるのか，改善や強化の助けになるものは何なのか，何が“ほど良い”のかという感覚は必要不可欠である。しかしながら，以下の最後のセクションで示すように，ほど良いとは言えない親がいる。

環境：親ワークとネットワーク

子どもの心理療法士が，専門家間のネットワークの中で仕事をするとき，そして，協働するのに必要な能力をもつことはきわめて重要である。心理療法を受けている多くの子どもには，多くの大人が関わっている。たとえば，ソーシャルワーカー，教師，心理士，里親，訴訟のための後見人，里親のソーシャルワーカーなどである。今日私たちが心理療法で会っている子どもの多くが酷いトラウマや倒錯を早期に経験しているため，親や養育者のワーカーもネットワークの中で行われているプロセスを理解するスキルを持つことが必要だろう。こうしたスキルには，家族それぞれの立場を取る傾向があることを理解するだけでなく（Kolvin & Trowell, 1996），いかに専門家のシステムが防衛，不安，倒錯した家族関係を再演する可能性があるかを理解することも含まれる。そこで，親／養育者のワーカーは，自分の仕事の核として統合的な機能を維持し，ネットワークの中で生じている無意識のメカニズムを明確にできるようにする必要がある。

事例

8歳の「アンジー」は週4回の分析を受けていた。父親は十代の子どもに対する性的暴行とそれを小児性愛者用に録画もしたことで服役していた。娘への虐待が録画や写真で明らかになった。アンジーは一度もそのことを話さなかった。アンジーの母親は暴行に加担したことで3年の執行猶予命令を受けていた。アンジーは，里親家庭に行き，治療を受け始めると，受けていた虐待を思い出し語り始めた。それは言葉を話す前の赤ん坊の頃から始まっていたのだった。

里親とワークをしていたセラピストは，このネットワーク内ではアンジーの将来にとって一貫性のある計画を立てることができないとわかった。里親の母親がソーシャルワーカーに督促状を出しているにもかかわらず，アンジーは2年間という短期の里親措置のままだった。里親である母親による最後の申し出が突然認められ，無計画な状態で変更がなされ，さらなる（3回目の）短期措置がなされた。やっとのことで専門家会議の計画が立てられたものの，中止になった。アンジーのソーシャルワーカーは病気になった。アンジーの母親はアンジーとの面会を増やすように要求し，彼らに関わっていない専門家が同意した。

セラピストにとって最初の第一歩は，明らかに動いてはいるが考えてはいないネットワークに直面して，何が起こっているのかと「考える」ことであった。ケアに関わっている人の動きは，子どもを沈黙の犠牲者にし，治療チームも犠牲にされているように感じさせ，無能で，決定から締め出されていると感じさせられているというように，早期の虐待経験の繰り返しとして見ることもできる。社会福祉チームのマネージャーたちは，恐ろしい小児性愛者と結婚していたアンジーの母親にひどく同情し，自分の娘や他の家族の娘たちへの虐待に共謀していた母親として見る視点を無くしていた。したがって，全体像を捉えなおすことが肝要であった。このことは，虐待する母親側の専門家を呼び入れ，通知されたソーシャルワークの決定が不完全な見解であると意義を唱えることによって成し遂げられた。並行して，セラピストはケアする人たちがアンジーを理解し，長期的に預かることができると感じるようにワークを行った。最終的に，クリニックのチームがすでに持っていた証拠――アンジーは家族との面会の後には不安定になり，守ってくれない母親にひどく怒っているということ――が聞き入れられ，意味のある計画が生み出された。

このような状況でのセラピストの役割は，子どもの心理療法を守るだけでなく，子どもの立場を理解することから始め，組織や虐待をする親の要求にそそのかされてしまった人たちの心の中に子どもを留め置く取り組みをすることまでにある。加虐的な家族は子どもの現実（あるいは人間性）を否定するため，ネットワークが虐待的な否認を繰り返してしまう。子どもとのワークで性的倒錯に取り組むのは容易な仕事ではない。考える能力，そして，心の中に子どもを抱いて考える能力は必要不可欠である。

結論

子どもとのワークと親とのワークとの間には類似点がある。治療同盟を築くこと，投影を受け入れること，いつどのように投影を調整しフィードバックするかを考えること，自我のサポートが挙げられる。しかしながら親ワークでは，この多くが意識的レベルあるいは前意識的レベルで行われ，無意識よりもむしろ機能している自我とワークする。実際のところ，親としてよりも個人としてワークをする必要性の指標の一つは，素材が無意識からより多く生じていると思える場合であろう。

親そして，より広く，家族やネットワークとワークする経験は，子どもの心理療法士の訓練生に重要なものである。そうした経験は，子どもの経験に偏った同盟に均衡を保たせ，理論から時には得ることができる確かなものに折衷的な感覚や「ほど良い」何かを付け加える。そして，「家族の中の子ども」という，より包括的な見方を可能にし，今後の仕事で大いに役に立つ。心理療法を通して子どもが適切な発達過程を取り戻すことができることを望むように，親と子どもが共に育て育てられる発達的な道を見出したり，再発見したりすることを望んでいる。

第4章

親の心理療法

理論と実践

マリアンヌ・エンゲルス・フリック（*Marianne Engeles Frick*）

本論文のテーマは，精神分析的心理療法を受けている子どもや青年の親とのワークであり，子どもの個人心理療法の専門化が進むのと一緒に発展してきた親への取り組み treatment[注19] について述べている。私たちが，並行親面接を選択する場合の課題は，子どもの個人心理療法の構造によってその範囲が限定される。「親の心理療法」という用語は，一見かなり異なるように見える多くのタイプの支援を含んでいる。しかし課題となる領域は常に同じである。子どもの状況を改善するために，子どもの心理療法の必要条件を確保すると同時に，親が子どもの心理療法の結果を受け入れ，そしてサポートできるために，前向きに子育てをしていくプロセスをスタート，あるいは再スタートできるように私たちは支援するべきである。

この章では，親への対応の諸側面について述べる。それは後述する「親の心理療法の範囲内での心理療法的な介入」や「親との個人心理療法」の中で述べられるが，前向きで積極的な子育てのプロセスを親がスタート，再スタートするのを援助することが目的である。これは，親担当のセラピストがこの種の心理療法的介入の典型的な要素を知っておくことが必要である。つまり実践される治療的役割，用いる手段，予想される諸問題を意識していること

注19）訳注："treatment" は，援助的取り組みの総称であるので，文脈に応じて，心理療法，支援，取り組み，面接等の訳語を当てている。

である。このことをいくつかの事例で示す。しかしながら，まず，親の内的問題に焦点を当てる前に，この種の取り組みで生じる親の心理療法において現実となるかもしれないさまざまな領域や水準について概観する（親の心理療法についての別の側面を包括的に概観しているものに関しては，たとえば，アームブラスター，ドブラー，フィッシャー，グリッグスビィ［Ambruster, Dobler, Fischer, & Grigsby, 1996］を参照）。

子どもの心理療法と親の心理療法のための前提条件

子どもの心理療法が適切な支援であると思われる場合，専門家チームは，心理療法での取り決めを親と行おうとする。まずこの心理療法プロセスに加わろうとする親の明らかな動機は，子どもが回復するのを助けたいということである。他の心理療法プロセスと同様，私たちは，まずは治療同盟を確立することに集中しなければならない。最終的には，もし親担当のセラピストがわかりやすいやり方で説明することで親が子どもの問題を少なくとも表面的な水準でも理解できるように援助できるならば，それは役に立つだろう。それは心理学的なアセスメントの結果の助けを借りてなされるだろう。

こうした状況で私たちが親に会う場合，私たちは心理社会的な文脈の中で子どもの心理学的問題を捉えようとする。家族内の成員として親も子どもも共に，多かれ少なかれ良いものを得られているが，脆弱でもあり，絶えず変化しているシステムの中で生きている。親どうしは互いに依存しており，子どもはさらに親に依存している。心理療法プロセスは一般に数年にわたるものである。そのために親セラピストは，心理療法の期間中，焦点を当てるテーマが繰り返し変わることに対する準備をしなければならない。子どもの発達に対してだけでなく，子どもの心的ニーズが変化するのを理解する親の能力や，安定した環境を与えられる親自身の能力に対しても対応していく必要がある。この種の支援には，このような社会的で支持的で治療的な介入がすべて含まれている。

子どもの心理療法プロセスに参加する親の動機は多層的であり，親への対応を複雑なものにしている。親は子どもたちが幸せであってほしいと思っている。同時に親は，親自身の防衛を維持する必要がある。このことで，援助を求めるにあたって親はアンビバレントになる。同様の抵抗は，個人心理療法を受ける人の内的変化に対しても生じるものである。しかし，もし子どもの症状が親自身の問題の一部分だと考えられるとすれば，親の動機や抵抗は他の人間の中に位置づけられており，それゆえに扱うのはより困難である。

子どもの心理療法開始における親に対する要求

子どもの診断と並行して，手間暇のかかる今後のプロセスに加わることになる親の動機と能力もアセスメントする必要がある。このアセスメントは，私たちが親に提供する契約に影響する。心理療法を継続し，そこから結果が生じるためには，親との契約を維持することは必要不可欠である。親の動機や能力が欠けている場合，子どもの心理療法は始めるべきではない。

私の事例の一つに，子どものアセスメントでは，個人心理療法が非常に役に立つことが示されたものがある。しかし，私たちは，最小限に見積もってもプロセスを確保していく能力が親にはないと判断した。それゆえ，子どもの心理療法の開始は遅れた。私の同僚は，親とたまに接触を続けており，親の能力が劇的に改善したのに気づいた。それは長女が何年も入院していた病院を退院した後だった。私たちは，親は病院スタッフが娘の問題で自分たちを責めていると感じていたということに気づいた。明らかに，子どもたちの別の問題も同時に引き受けるのは，親にとっては無理だったのだ。

もしも親が子どもを助けたいという強い思いを示すならば，親のセラピストは，ウィニコット（1963）が詳細に述べているような子どもの生活の諸側面に焦点を当てることからスタートするとよい。ウィニコットは，「環境としての母親」と「対象としての母親」機能を区別している。そして赤ん坊の気分の変化によって求められる母親のそれぞれの側面を描いている。赤ん坊は，身体的意味でも心理的意味でも「環境としての母親」の世話機能や「ホールディング」を必要としている（1960）。赤ん坊は，自身の欲動を満たすための「対象としての母親」機能と関係しており，それは怒りの攻撃や乳房への憧れの両方を含んでいる。このようにして子どもは，静かなときにも，そして興奮しているときにも，母親のいろいろな側面と関係する。統合のプロセスは，一方では「内側から人間をまとめる gather the person from the inside」積極的な欲動経験が生じることと，他方では母親の「ホールディング」機能の保護の下で「存在し続けること」とを保つことによって始められる。このプロセスを通して子どもは，欲動と関係する要素と自我と関係する要素を一緒にしていく。最終的に子どもは分離した人間として自我機能を発達させ始める（私は「母親」と「親」という用語を同義に使っている。父親とのカップルの関係は，子どもの発達にとって基本的な状況である。しかしながらこの文脈においては，それらを環境としての母親の側面と見なしている。それらは，母親のホールディング機能のふたつの部分である。それは，全体的な取り巻く環境を含んでおり，子どもの福利に影響し，母親の能動的なコントロールの元で存在していると経験されている）。

ソーシャルワーク的な側面

ウィニコットの「環境としての母親」機能という言葉は，赤ん坊が混乱せずに「存在し続けること」を与える母親の仕事について要約している。この仕事の延長として，家族の社会的状況も含まれる。この文脈でウィニコットは，「発達促進的環境」について話している。オルンスタイン（Ornstein, 1976）は，この要素は治療的な状況にとって重要であると強調し，心理療法がスタートするときに子どもにとっての治療的環境を創造する必要性を論じている。ゆえに，安全な世話を保証する母親の能力に加えて，私たちは，有用な家庭状況（経済，健康，夫婦関係）を治療的環境の部分だと見なすことができる。それゆえ，親セラピストは，学校での状況，デイケアセンターでの状況などを確認する必要がある。もしも必要ならば親セラピストは，親と一緒に，子どもの世話にたずさわっている人たちの協力関係を改善するだろう。こうした側面に取り組んでいる間，親に対するセラピストの共感によって，親のホールディング機能を高めたり，親役割における自己評価を高めたりすることが可能になる。

教育学的アドバイス

もう一つの重要な側面は，肯定的なモデルが親に欠けている場合，親が子どもにどのように教育学的に対応すればよいのかを理解するのを助ける必要があるかもしれないということである。「対象としての母親」機能のウィニコットの定義は，子どものさまざまな発達の側面のニーズの理解と結びついた直接的で自発的なやり方で，母親が子どもと相互関係をもつことを求めている。子どもの症状は，受け取ったり与えたりすることを学ぶことの困難さや，結果的に母親との関係における発達課題についての子どもの困難を示しているのかもしれない。親セラピストは，親がもっとバランスのとれたやり方で，教育に関して満足の要素と欲求不満の要素の両方をうまくこなせるように，援助しようとするかもしれない。これは，分離―個体化プロセスを促進するであろう。

こうした支援の側面で主に焦点を当てられるのは，意識的素材に関するものである。オルンスタイン（Ornstein, 1976）が示唆しているように，親のセラピストは仲介者として，親が子どもをより理解できるように子どもの症状を描写しなければならない。それによって，親はより共感的に反応できるようになるだろう。この文脈で，パス（Pas, 1996）は親セラピストが，親と同盟することの重要性を強調している。親は自分たちが子どもの振る舞いをどのように経験しているのかを理解されたと感じるべきなのである。

親の心理療法の範囲内での心理療法的介入

子どもを取り巻く環境が改善され，子どもの心的ニーズについての知識が増えたとしても親が子どもに対して破壊的なやり方で振る舞い続けるとすれば，親セラピストは，無意識的抵抗の可能性について考える必要がある。子どもにより建設的に対応できるよう，親のそうした内的な障碍や抵抗に対処するのを助けることが必要になるかもしれない。ベネデク（Benedek, 1959）は，親としての同一性の混乱は，親自身の子ども時代の欠損やトラウマ，あるいは子どもとの現在の関係に起因しているかもしれず，親としての課題を失敗させるかもしれないと述べている。恥と罪悪感の感情は，このような失敗に対する自然な反応であり，それは，親への心理療法を複雑にし，典型的な転移反応を作り出すかもしれない（次を参照）。

親との個人心理療法

親支援の最終的なものとして，非常に混乱した親に個人心理療法を提供することは，時には必要であるかもしれない。親は，子どもとの問題を自分のための助けを求めるための言い訳として「使う」ことができる。このような場合，セラピストは，親に対する最も適切な方法をアセスメントしなければならない。これに対して私たちは，パーソナリティ障害の親との心理療法プロセスのさまざまな側面の特徴を測るシムコック－レイナーとコウフマンが作成した評定（Simcox-Reiner and Kaufma, 1959）[注20]を使用できる。またカールバーグ（Carlberg, 1985）は，精神病的な子どもの親との心理療法においてしばしば生じる難しい逆転移反応について論じている。それは，子どもの問題によって活性化された深い退行的力動に起因する。

親であることは，成人の中にある二つの異なるタイプの同一化を活性化する。

親と一緒に私たちが子どもの環境を（可能な限り）改善し，子どものニーズのいくらかが親に明らかになったとき，私たちは，親への治療的側面に集中したいと思うかもしれない。しかし私の経験では，子どもの援助を求める

注20）訳者註：怠慢や義務の不履行が認められた者に対して主に用いられた査定。

親の動機は，必ずしも自分たちの欠損や抵抗に取り組もうというものではない。全体の状況がほどよいときに，親は，子どもの心理療法的治療において私たちの積極的なパートナーになるかもしれない。それは，親担当のセラピストとの接触を用いることによって，親としての能力を妨げている親自身の問題を考えたり整理したりすることによってである。このような機会が現れるとき，親セラピストは，親子関係において精神力動的プロセスが活性化していることを知るべきだろう。

そうするために私たちは，親セラピストとして，親がもっているのはどちらのニーズなのかを理解せねばならない（上記でウィニコットの助けを借りて論じたように）。もし私たちがそうしたニーズに親が適切に反応するのを助けたいと思うならば，親が親課題を遂行するときに，大人である親の中で活性化しているものに付随するプロセスを見てみなければならない。

ベネデク（Benedek, 1959）は，このような理解を呈している主要な一人である。彼女の欲動 drive（今は一般的に「感情，情動」と言われている）の類型学は，さらなる発達を目指しており（たとえば，スターン 1995），親心理療法の目的に対して，そのプロセスへの重要な洞察を今でも与えてくれる。ベネデクは，親であることそれ自体がリビドー的な強い影響力をもつと考え，親であること自体を発達の側面として捉えている。親になっていく際に活性化されるプロセスにおいて，古いトラウマや欠損は，親役割が遂行されるときに影響を与える。もちろん，親と子どもとの間のさまざまな化学的反応も，親であることの質に影響する。子どもの中の生物学的要因は，子どもが生まれた心理社会的状況と同様に，母子関係が好循環あるいは悪循環となっていくことに影響を及ぼすかもしれない（Winnicott, 1955）。それについてはスターンも，自分の赤ん坊に関して「ポジティヴな歪曲」を生み出す母親の能力として述べている。良い母親であることで，母親は自分自身の母親と心理内的な和解にいたることができる。このようにして母親であることは，大人の女性としての完成に向かう心理性的な発達を促進する。

こうしたプロセスの分析において，ベネデクは出産する女性に現れる2つのタイプの同一化を認めている。

1. 1つめの同一化は，一次的な生殖欲動と結びついており，与え育むという大人の性向である。与え，世話することにおいて，母親は自分自身の母親と同一化する。これは妊娠期間中の身体的変化に刺激される。そして出産後の授乳によって，子どもは母親の養育欲動のはっきりした対象になる。良い母親は，良い母親－対象として母親を取り入れる可能性を乳児に与える。これは，母親，そして子どもの自信と自己評価となる。
2. 2つめの同一化は，一時的でもっと複雑なものである。それは，発達の口唇期から派生する二次的な組織化として説明されるかもしれない。ベネデクは，母親であることの各時期である妊娠，授乳，月経周期さえも，口唇期への退行を伴っていると述べている。このような部分的退行は，受容されたいという子どものニーズや子どもの性向に母親が同一化するのを助ける。

乳児の最初の発達段階では，母親が乳児のニーズを理解し，満足させればさせるほど望ましい。たとえば，乳児は母親自身の空腹の記憶や満足した時の記憶を刺激するだろう。母親のこうした退行において，他のメカニズム，たとえば愛する対象と一体化したい傾向も活発になる。これは，赤ん坊を所有し，過剰に保護にしたいという母親の願望によって示される。こうしたことの全体を，母親の退行的同一化と呼ぶことにする。

しかしながら，主に母親の共感能力に訴えるにあたっては，この2番目のタイプの同一化は，一時的である可能性が高い。つまり元の状態に戻り得るのだ。母親自身の経験によって，どのくらいの欲求不満が子どもにとって無理がないのかが認識できるだろう。徐々に母親は同一化を喪失していかなければならない。このようにして母親は，子どもを魔術的に（共感的に）満足させることから，乳児自身の信号を読み取ることへと移行していく。この時点からは，別々である二人の個人の発達が現れてくる。

ベネデクは，父親にもこれに相当する同一化プロセスの移行があることを描いている。私は，二人のパートナーの間の主要な相違点を強調したい。女性における退行は，男性のものよりも強力である。これは，妊娠中の生理学上の変化によって部分的に説明できる。女性の身体のいくつかの部分は，出産によってのみ活性化されることを私たちは忘れてはならない。そのような活性化は，新しいリビドー的感覚を生み出す。出産という女性の行為とそれに続くリビドーの活性化は，遺伝的寄与によって子孫を残存させたいという男性の願望と等価である（Benedk, 1959；Chaffin & Winston, 1991）。ベネデクらによると，女性の主要な役割は子どもの直接のニーズに応えることであり，父親の役割は家族を養うことである。両方の親にとって乳児の状態に適応することによって，すべての愛情でもって乳児に集中することが可能になり，それによって必然的に絆ができるプロセスが始まる。

ベネデクの分析を要約すると，次のように言える。それは，母親になりたての女性は，自身の母親の子育てと，自分の乳児的部分との両方に同一化する。乳児と関係する母親自身のやり方は，それゆえ，一般的に母親が自分の母親に向けて抱いた感情とかなり共通している。子どもは，同一性のための能力をまだ同じようにはもっていない。しかし，母親と父親が与えている同一化の助けによって，子ども自身の同一化の発達が始まる。

ベネデクの2つの同一化は，どちらも親であることのすべての時期で活発である。変化するのは，あるものから他のものへと強調点が徐々にシフトすることである。子どもが成長すると，問題は，2つの同一化の混じり合いの結果として現れるかもしれない。これらの問題は，子どもの現在の発達のニーズと影響し合っているかもしれない。ベネデクのようにオファーマン－ザッカーバーグ（Offerman-Zackerberg, 1992）は，親になるプロセスについて研究している。彼女は，親になることの構造を提示してベネデクの理論を完成させている。その構造は，私たちが，親心理療法の個人ケースにおけるさまざまな要素のもつれを解く助けになる。オファーマン－ザッカーバーグは，親になることを以下のように５つの時期に分けている。

Ⅰ．無意識的願望の現実への質的転換

―子どもたちに対する受動的な願望が能動的な現実になる。

Ⅱ．絆，アタッチメント，分離の経験

―これは大人の中にある，自分たちの母親と共生的に調和して再結合したいという，継続的な願望の現れである。それは愛情の基盤とみなされる。つまり，「原始的な転移」と見なすことができる。親として，自分たちの子どもについて多く理解することは，相互的な投影同一化に基づいている。これは，無意識のプロセス，つまり私たちが子どもの中に見ているものは，部分的には私たち自身のニーズ，願望，欲望に基づいている。

Ⅲ．共感について学ぶこと

―オファーマン－ザッカーバーグ（Offerman-Zackerberg, 1992）は，これを前段階から続いている一連のものと見ている。つまり，「強力なアタッチメントへの願望は，分離，心的喪失を通して共感について学ぶことなる……」(p211)。そして，「まさにその共感の基礎は子育ての経験の中にある」(p212)。

Ⅳ．愛情と，確固としていて柔軟である境界との折り合いをめぐる苦闘

―十分なアタッチメント，的確な共感，予測，一貫性を与えることによって，私たちは愛情を継続することができる。

Ⅴ．私たち自身について私たちが理解することの変化

―私たちの子どもは投影，象徴化，圧縮，置き換えの無意識的な標的となる。私たちは相互的な投影同一化に子どもを巻き込みそして，私た

ちは子どもから自由になろうとし，子どもをもっと明確に見ようとし，もっと応答的で正確で共感的に子どもと相互的に関わろうとし，実質のある時を過ごそうとする。私たちは，私たちの親を非難するので，私たちは私たち自身を責め立てる。そして，私たちが親を許せば，私たちは，私たち自身の子どもと新しい実存的な契約へと入っていく。

子どもの心理療法に対する障碍としての親の困難さ

ベネデクとオファーマン－ザッカーバーグの両者は，健康な子育ての中心的な側面について述べている。しかし，私たちが親セラピストとして，ワークする臨床においては，こうしたプロセスの混乱に直面する。

親自身の欲求不満，欠損，トラウマに対する親の防衛

ベネデクの述べた2つの同一化プロセスにおける逸脱は，多くのタイプの障害を引き起こし得る。母親は自分自身の母親および子どもと適切に同一化することに失敗しているかもしれない。もし子どもとの同一化が硬直していけば，これは受け入れ難い攻撃的な衝動によるのかもしれない。それは，口唇期の再活性化であり，それゆえ，母親自身の子ども時代から今でも生き続けているものである。その結果スプリッティングが生じ，依存感情だけが受け入れられるようになるかもしれない。しかしながら，発達は反転するかもしれない。母親は，依存心の強い子どもに同一化せず（母親自身の圧倒的な欲求不満，攻撃性の感情に対する防衛として），それは，別のやり方で前面に出るかもしれない。代わりに母親は，共感性のない厳格な親との同一化を選ぶかもしれない。

母－子関係における欠損やトラウマは，愛情と憎しみのような矛盾した側面を統合するのを困難にするかもしれない。スプリッティングは，防衛のより原初的なメカニズムの1つであり，大人の中のそのような欠損の結果かもしれない。その時に引き継いで起きる同一化プロセスは，損なわれたり歪ん

だりしたものとなる。投影同一化が優勢な場合は，親機能における問題があるかもしれないサインである。

私は，人の防衛システムの病理的な発達すべてを述べるつもりはない。私たちは，親が援助を求めているときに会うので，親機能におけるいくつかの重要な領域を指摘したい。同一化における歪みや損傷は，抵抗の特殊なタイプと見なせるかもしれない。それらは，他のよく知られている防衛メカニズムも加わって，すべての個人に特有のパターンが作られる。

ベネデクの助けを借りて検討してみると，親は子どもの人生の初めに，自分たちの子どもとの退行的な同一化を作り出す必要がある。この同一化を徐々に緩めることができないということは，子どもが成長するにつれて初めて見え始めるだろう。それぞれの子どもとの関係において，親は自分自身の葛藤の投影に特有な形で出会う。何年も経過し，親が自分の同一化に適切に対処することに失敗すると，スプリットが発展するかもしれない。このような場合，もしも親が適切な治療を受けなければ，子どもの発達の可能性はひどく損なわれる。

親への対応における恥と罪悪感

オファーマン－ザッカーバーグ（1992）は，「他者への共感の一部から生じる実存的な罪悪感は，親であることにおいては強い情動である」と述べている。罪悪感は，次に責任感を作り出す（1996）。そのことは，親であることを遂行する原動力と見なされるかもしれない。恥は，理論的，現象学的には，罪悪感と同等の重要な情動である。しかし，恥に対してはそれほど注意が払われてこなかった。特に，親とワークする時には，罪悪感への関心と同様に恥の力動を認識できているべきである。

恥は，目的に達することにおける自己の失敗の経験である。それは無能感や，不本意でみじめな状況に陥ってしまったという感情を生み出す。これは攻撃性や「屈辱的な怒り」を生み出す。恥と罪悪感は同じ経験に起源がある（Fenichel, 1946）。罪悪感は，恥ずべきと感じる経験であると定義されるかもしれず，行動についての内的な裁きを活性化し，それに続いて補償への欲求を作り出す。罪悪感の場合には，人は自分自身を非難される経験の目撃者にするか，責め始める人にすることで，恥ずべくきまりの悪い感情を扱うやり方を見いだす。人の許しを求めることは，自己評価の回復ための方法である。「恥はあたかもその場から外に向けて生まれるように見える。それに対して罪悪感は中に生まれるように現れる……両者とも重要な他者との愛情のある結びつきを維持しようとする自己を含んでいる」（Block-Lewis, 1987, pp.108-109）

罪悪感は，別の方法で現れる。その感情は否認されるか，あるいは情動は状況から切り離されるようになる。それは内的な葛藤から生じ，責任性の表現である。親における罪悪感は，子どものための援助を求める動機であるかもしれない。しかしながら，私たちが専門家として親の中のこの情動の激しさを低く見積もることは危険である。それゆえ，親がさらに責められたと感じないように，初めて会ったときに親セラピストトがこの感情を扱うことは，細心の注意を要する仕事である。一方で，親のあり方をあまりにも受け入れすぎることによって，「混乱している」感情から親を解放する必要はない。

ある親が，子どものときに身体的なあるいは情緒的なネグレクト，屈辱的な扱い，トラウマを経験してきて，これらを考えたり整理したりする助けがなかったときには，その親は恥を感じている。信頼の代わりに恥が母－子関係の中で定着している。信頼も恥も，母親の子ども時代の母親自身の母親が起源である。恥は，自己愛的情動と見なされるので，親は子どもの援助を求める必要性を自己愛の侵害であると経験する。ブロック－レヴィス（Block-Lewis）は，恥の反応（隠したり，填められている感じ）は，心理療法では，よく抵抗と間違えられると的確に指摘している。私たちは，このような親は治療の動機がないと見誤ってしまう。実際，そうした人たちと治療同盟をつくるのはより困難だ。しかしこれは，恥の感情と結びついており，その結果として自己評価が低いことによる反応だと容易に説明できる。

罪悪感は，自らがすすんでなしてしまった行動（道徳的な違反）の結果であり，許される可能性があると経験されるのかもしれない。それゆえ，この感情は治療の進展にとってはより建設的であり，恥の場合よりも親との治療同盟を作るのは容易である。恥の場合は，その状況に捕らわれているので隠したがる。また，罪悪感が優勢の場合，転移プロセスはより強くなる傾向がある。しかし，人が恥を感じているときには，他者は裁定する立場であり，他者のせいで恥ずべき状況に置かれていると受け止める。他者の重要性を弱めるために恥ずべき状況を否認しようとするか，関わらないことによって他者の重要性を否認しようとする（自分の感情を隠す）。親への対応の中で，罪悪感は非難を強めるかもしれないが，私たちはそれを扱うことができる。一方で恥の感情は，重要な情緒状態を隠すことにつながるかもしれない（以下の事例で示されるように）。

転移と逆転移

ケースにたずさわっているセラピスト間での定期的なカンファレンスは，親子の並行面接を行うための前提条件である。そうした協調的な関係性は，スプリッティングのリスクを下げるかもしれないので，このような形での支援においては一般的であり，セラピストが，専門的な方法で投影同一化の機会を利用する助けになるかもしれない。スタッフは，自分たちの逆転移感情と完全に同一化しないように互いに助け合うことができ，代わりに並行面接における「情緒状態」についての情報として逆転移感情を使うことができる。

人は，自分の子どものために助けを求めるときに，罪悪感そして（あるいは）恥を感じる。このような状態は，親の特殊な転移，逆転移感情を作り出す。私が前に示唆したように，罪悪感がそれほど強くなければ，それは心理療法において建設的であり，動機づけの要因であり得る。しかし，この感情を扱うのに他にも多くの方法があるかもしれない。親セラピストは，転移の中でこれに気づくべきである。たとえば,「素朴な」親は, 非常に挑発的になったり，誘惑的になったり，あるいは，子どもの問題を誇張するかもしれない。このことによって，セラピストたちは子どもの診断についての意見が異なったり議論したりする状況になるかもしれない。

親が肩身の狭い思いをしているときには，別のタイプの複雑さが生じる。もし私たちがそれを知る由もなく，恥を感じていることを見落としてしまうとしたら，親はその感情を隠すかもしれず，攻撃的になるかもしれない。転移において恥が優勢であるときセラピストは失敗したと感じやすく，自分は不十分であると感じる。これらの場合，転移に盲点があるので，心理療法の内容からは抵抗は説明できない。親のセラピストが，より完全な像（家族，心理療法のあり様，親子関係）を得るには数年かかる。このようなケースでは，どのようにチームワークが発展するかは，子どものセラピストが子どもの状況にどのように反応するかに非常に多くがかかっている。子どものセラピストは子どもに過剰に同一化しているのか，あるいはその状況から距離を保って待つことができているのか？ 危険なことは，子どものセラピストが，親の行動が変化することを強く求め，もし変化が現れそうにないなら，親セラピストがうまくできていないと見ることである。

コーマン，ファインバーグ，ゲルマン，ウェイス（Kohrman, Fineberg, Gelman and Weiss, 1971）は，子どものセラピストは退行し，そのために子どもと強く同一化する傾向があると述べている。このことは，セラピスト自身の親に対する未処理の感情を刺激し得る。親自身さえもたやすく退行する。それは，親も処理できない状況の中で子どもと共に生活しているためである。援助を求めることは，この退行を強める。なぜならそれは，自分の失敗を認めることだからである。親セラピストの課題は，こうした退行を扱うことである。変化には時間がかかる（時に子どもよりも親の方がより多くの時間がかかる）。このことは，同僚から責められているといった気持ちや，自責の感情を親セラピストに引き起こす。親セラピストは，不適切な親を受け持ってしまったといった処理できない感情をもつかもしれない。親の失敗を許す代わりに，親セラピストは，心理療法の中で同僚も親も責めるかもしれない！

子どもや親の退行のために，また子どもの心理療法の中での非言語的な大量の素材のために，転移状況には常に強い感情がある。そのときに親は，行動でコミュニケートしやすい。この傾向は，別の設定における成人の個人心理療法においてよりも強くさえある。それは，他者に適応するがために心理療法の枠をしっかりと守らないといったソーシャルワーカーがもちやすい傾向が原因かもしれない。別の説明は次のようである。親は子どもと行動によって，つまり，実際的にことをなしたり，意図していることを行動で示したり，また援助を求めるのに退行することによって示すことでコミュニケートする。そのために，非言語的行動がセッションの中に持ち込まれる。別の原因としてあるのは，投影同一化のプロセスかもしれない。カールバーグ（Carlberg,1985）が精神病のケースにおいて指摘したように，実際にこれらは重篤な混乱した家族においては非常に活発に存在し続ける。投影同一化もまた，常に母 - 子関係の中に存在する。親に内省能力がない場合，投影同一化は強くなるかもしれない。つまり，内省能力とは，自分自身のニーズを脇に置いておく能力，子どもが必要としているのはどの答えなのかを考える能力である。同様に，親セラピストも自身の内省能力に触れ続けていなければ，正体不明の感情の流れに巻き込まれるかもしれない。

親セラピストの役割

メタ－ポジション

ヴァン・デル・パス（Van der Pass, 1996）は，親セラピストの課題を定義する際，別の枠組みを要約している。彼女は，親セラピストの主な態度は，親自身の課題と並行であるべきだと述べている。つまり，子どもと一緒でありながら同時に子どもより「上方で」あることだと言っている。これら２つのポジションを同時に取り，かつ扱うためには，親は自己内省する自我を使わねばならない。親は，その位置から親であることについて内省し，子どもの移り変わる要求への適切な反応を見いだすようなメタ－ポジションに位置せねばならない。親役割を定義するのに多くの著者は，これら２つの異なった次元について論じている。ベネデクの２つの同一化タイプ，つまり世話する母親との同一化と，依存心の強い子どもとの同一化，また，ウィニコットの環境としての母親と対象としての母親についてはすでに述べてきた。同じようにパスも「上方に位置する」親と「同じ地平にいる」親について述べている。それはまた「内省的な」親と「参加している」親でもあるだろう。

ワクスマン（Waksman, 1986，ヘッセルマン，1992より引用）は，子どもの分析家の役割を定式化している。「それはハムレットのジレンマのようである。つまり，生きるべきか否か。あなたが子どもであるかのように子どもと一緒にいながら，同時に，子どもではなく子どもに精神分析を与えることのできる大人である」（p.143）と。

親治療のスーパービジョンの概要についての私の著書（未刊行）は，この2つの次元をもつ構造を裏付けている。心理療法において私たちは，普通，クライエントの内的問題の深いところにあるものについて語る。しかし私がインタビューしたスーパーバイザーの経験を説明するためには，外側の社会的問題から母子関係の内的な中核へと向かう「水平的」次元を加えねばならない。行動の2つの次元を扱うことは，親にとってもセラピストにとっても，挑戦的な課題となる。それは，親の調整する機能と統合する機能とを共に高めるためのチャレンジである。ベネデック，ウィニコット，パス，ワクスマンがより理論的に論じているのは，この挑戦についてである。

2つの次元を一緒に扱う困難さは，スウェーデンの迷路ゲームでの身体感覚と似ている。そのゲームは，可動式の表面をもつ直方体の箱を使い，2つの取っ手が1つは長い方の側面に，もう1つは短い方の側面についている。迷路の中でビー玉を進ませるために，2つの取っ手を傾けながら正確に調整し，箱の表面の動きをコントロールしなければならない。そうでないとビー玉は，迷路の60個の穴のどこかに落ちてしまう。

何人かの著者は，メタ機能は観察自我の機能と似ているかもしれないと述べている。親セラピストだけにこの機能を要求することはできない。親のメタ機能をセラピストのメタ機能と同様に強調するのには，いくつかの理由がある。直接，間接的に子どもとワークする大人は，非常に開かれた現在進行中の分化や統合のプロセスに直面する。こうしたプロセスは，子どもにとって発達課題と見なされるべきである。したがって，親は子どもの内省能力の成長を導くべきである。つけ加えると，親がこれらの非常に具体的なプロセスに直面するときに，親の反応には親自身の内省能力の弱さが現れるかもしれない。親対応において，これは親セラピストの介入を必要とするかもしれない。

チームワーク

親セラピストと子どものセラピストとの安定した協力構造は，親が心理療法にとどまるのを助ける。次いでこれは，子どもの心理療法の継続を保証する。(Fonagy & Target, 1996) 定期的なチームの話し合いは，子どもの心理療法においてだけでなく，親の心理療法にも現れる問題を親が時間をかけて考え，整理していくのを専門家が助けることを可能にする。並行して心理療法を行っている両方のセラピストは自分たちが，別々ではあるが足並みの揃った心理療法の中で同じテーマを扱っていることに徐々に気づくだろう。このような同時進行的なプロセスが生じるとき，それは，普通，親と子どもの両方が「ワークしている」ことを意味している。つまり，親だけではなく子どもも同様に援助して，親子それぞれの観点から問題について丁寧に考え，整理していこうとするセラピストの試みは成功する。

子育ての肯定的なプロセスは，親にとって治療的である。

子育てのプロセスは心理療法の１つに匹敵するかもしれない。オファーマン－ザッカーバーグ（1992）はフロイトを引用している。フロイトは，精神分析における「教育のあと」，と「親の過ちの修正」について述べ，セラピストが行っている多くのことは，親の仕事と同じであると述べている（1940a [1938], pp.172-182）。親は，ある種の良好な共生を許し，続いて起こる分離，その後，生涯にわたるプロセスである個体化を促進する。この意味で子どものセラピストは，ある期間，子育てを部分的に引き継いでいる。同様に子育てのプロセスは，肯定的なものであるならば，親にとって治療的だと定義することができる。このように親セラピストの特殊な役割は，親が肯定的な子育て，つまり治療的プロセスを開始，あるいは再開するのを援助することであるべきである。

内的な障碍，抵抗を扱うこと

親セラピストは，教育学的な助言をしたり夫婦関係をカウンセリングしたりして援助しなければならないかもしれないし，親の個人的成長に焦点を当てねばならないかもしれない。しかしながら，こうした介入は，親であることの問題の中核には届かない。親の中にある隔離やスプリットの傾向の強さをセラピストがアセスメントするのは困難かもしれない。見逃す可能性はとても高く，私たちの注意をそらしたり，混乱させたりする多くのやり方がある。子どもの発達を予想することもまた困難である。最初は，親の動機づけがあるために子どもに心理療法が適しているように見えるかもしれない。

子どもの心理療法で子どもは発達するが親はそうではない場合，たいてい親－子関係における行き詰まりが生じる（Armbruster et al., 1996）。もしそうであれば，親セラピストは，受け入れ難い攻撃性や，恥，罪悪感に触れるように,親を援助しなければならないだろう。それらは,親 - 子の布置（1995年にスターンが述べているような）をなしている内的表象に影響している。これらの表象は，凍結された記憶，あるいは固着した感情に接触しないように，鍵をかけられてしまっているのかもしれず，心理療法で近づくのは非常に困難である。入り口を見い出すのに何年もかかるかもしれない。親の防衛は子どものものよりも強力で硬いことがよくあり，親の変化は子どもよりも緩慢である。それゆえ，並行面接では，親セラピストに特別なことが求められる。困難な逆転移プロセスは，しばしば面接をとりわけ苦しくするかもしれない。このような障碍を克服するために，親セラピストは，親の感情への共感を示すのに加えて，主な道具として言語化，明確化，直面化を用いるべきであるが，解釈は最小限にすべきである（Carlberg 1985）。

親の心理療法の描写

このように，私たちが，並行心理療法で子どもと親と会うとき，私たちの課題は，アタッチメント，同一化と防衛，恥と罪悪感，転移と逆転移が組み合わさったプロセスだと定義される。これらについて私がソーシャルワーカーとして，子どものセラピストとして，また両方のスーパーバイザーとして仕事をした2，3のケースから例証する。このような兼務の経歴は，子どもの心理療法と親並行心理療法のプロセスの両方に携わる機会になっている。

ストックホルムでのガイダンスクリニックでの私の仕事において，子どもの心理療法実践は，普通週に1，2回である。本章のほとんどのケースでは，少なくとも2人のセラピストが関っている。1つのケースはエリカ財団[注21)]での訓練期間中のものであり，そこでは子どものセラピストと親のセラピストとの両方の役割を務めた。これは，両親と子どもとの間の力動についての，明瞭で強烈な直接的な経験となった。

母親と暴力的な少年
―欲求不満に基づいた同一化（frustrated identification）のケース

母親が仕事中，5歳の男の子（一人っ子）はデイケアセンターで過ごしていた（スウェーデンでは，ほとんどの子どもがそうしている）。その男の子は母親やセンターのスタッフに従順ではなかった。彼は，年少の子どもに噛みつくので，特別支援が必要な子どものグループに移された。その子どもの行動が改善されないため，家族は私たちのクリニックに紹介された。

私の同僚が行ったアセスメントでは，その子は強い不安と低い自己評価を示した。両親は二人とも労働者階級出身であり，心理療法的な考え方をするのに慣れていなかった。しかし，2人とも非常に熱心に息子の援助を

注21）スウェーデンのストックホルムにある，児童青年の心理療法の実践，研究，訓練の機関。1934年に設立された。

求めた。両親は離婚して1，2年になり，子どもの問題は二人の関係とは切り離して考えたいと思っていた。子どもが週に2回心理療法をしている間，両親は私の同僚と2週間に1度会い始めた。半年後に両親それぞれが別々の親セラピストと会い始めた。母親は男性のセラピストを希望した。しばらくしてこの男性セラピストは継続が困難になった。それは，母親は最初とても誘惑的だったが，その後，「去勢するような」攻撃性を非常に強く示したからである。そのため男性セラピストは，セッションの中で耐えられない気持ちになると，しばしば恥入る気持ちになった。

その当時，チームはこの家族がいかにひどく混乱しているのかに気づいていなかった。そのために，親セラピストの逆転移感情を見逃していた。結果として，子どものセラピストは，チームの中でだけでなく家族の問題にも非常に重荷を背負わされることになった。

この男の子の睡眠習慣を話し合っているときに，母親は子どもとの親密な身体接触が好きだということが明らかになった。母親が裸のときでさえも，子どもが母親のベッドにいることもよくあった。子どもがベッドにいくと，毎晩抱いてかわいがる習慣が作り上げられていた。母親はその習慣をやめることは考えられないと言った。というのは，それは子どもを失望させると確信していたからだった。その男の子は当時11歳だったにもかかわらずである。

この行動は，ベネデクが魔術的満足と述べているものに母親が捕らわれていることを明らかにした。母親は，その子の攻撃的な行動（主に他者への）の徴候を問題にしていなかった。その行動は，少年が情緒的距離を必要としていることを示しているものだった。

同時に，教師は息子に対する母親の攻撃的な行動について述べた。その子が母親に従順ではなく恥ずかしい思いをさせるとき，母親は子どもを絞め殺してやると，本気だと思えるような口調で言っていた。

ここでは，母親の恥の感情がいかに屈辱的な激しい怒りの表現になるのかが示されていた。

私たちはまた，母親は息子が幼児のように泣き叫ぶのを聞くのに耐えることができないことを知った。そのために，母親は家から出ていった。ついに母親は，彼女自身の家族について私たちに語った。母親の父親，兄弟姉妹たちすべてが，多くの深刻な問題を抱えていた（アルコール中毒，犯罪）。彼女の母親は，健在であるが，ある理由のために，少年の母親は自分の母親に会いたがらなかった。

このように，母親は世話する母親と同一化することを学ぶのが大変困難であった。母親が息子をもっとバランスのよいやり方で世話するためには，世話する母親との同一化が必要だろう。母親はまた，依存心の強い，愛に飢えた子どもとの同一化からも逃げていた。これは赤ん坊が泣き叫ぶときに家から出て行くことに示されていた。母親が自分の退行的な同一化をそのままにしておくことは不可能であり，そこには，息子のニーズを魔術的に満足させようとすることが含まれていた。母親は母親として成長する代わりに，子どもが成長していくことに苦しんでいた。息子が身体的に強くなり心が発達するにつれて，母親の恐怖は大きくなった。

この家族の心理療法が終わった数年後に，母親は親セラピストに連絡してきた。母親は息子の学校の状況を相談したかったのだった。というのは，息子はまだ集団状況でうまくやっていけなかったからだった。少年は怒りやすく喧嘩をしかけるようになっていた。再度喧嘩についての話題が持ち出されたとき，親セラピストは，少年の並外れた身体的な強さに言及した。それからまったく予期できないことが起きた。母親は，息子についての話と自分の父親への恐怖とを関連づけて話したのだった。彼女の父親は，巨大で強い大男で，よく暴力を振るい，大体において信頼できなかった。

まったくこれは思いがけないことだった。心理療法の最初の数年の間，母親は熱心になるのを避けており，自分の子どもの問題に関する自分自身の背景を語るのを避けていた。母親は原家族に関するあらゆることについて，特に家族にまつわる自分の考えや感情についてはできる限り沈黙を保っていた。私たちは，後に明らかになったことによってはじめて，母親が子どもの問題と自分の経歴とを切り離していたのは，両親との未解決な問題に対する防衛の表現だったとわかった。

今では私たちは，母親の行動をより理解することができる。明らかに，一人の子どもとして，母親は自分の父親の脅迫的な行動によって非常にフラストレーションを与えられていたのだった。フェニケル（Fenichel）は，「決まって，フラストレーションは，フラストレーションを与える人物に対してアンビバレントな反応を引き起こし，その人物と同一化するという結果になるかもしれない。その時に子どもは，その人物と同じようになるか，あるいはまったく違うようになるか，その人物のある側面と同じようになるか，あるいはまったく違うようになるかである」（1946, p.524）と述べている。一人の幼い少女としてこの母親は，自分の父親と反対のものに同一化した。しかしながら大人になってこの圧力をかけられる状況において母親は退行し，サディスティックな攻撃性が親セラピストとの接触の中で前面に出てきた。母親は，父親との未解決な同一化のために，自身の暴力の可能性を自分の子どもへと移し伝えたのだった。

「欲求不満に基づいた同一化 frustrated identifications」に固着している親は，子どもにとっては同一化しにくく，子どものさらなる発達を妨害するだろう。もし可能であるならば，これは親面接で取り組まれるべきだろう。健康な子育ての段階と比較すると，この母親は心的な意味ではまだ親ではないと言える（『共感について学ぶこと』のオファーマン－ザッカーバーグの段階Ⅲを参照）。もし母親が私たちの治療的な面接の努力に積極的に応えたならば，母親自身のための心理療法を受けることができただろう。しかし，母親は，償いを求める息子のニーズに決して応えることはできなかった。(Klein, 1988)。

このことは，多くのことが要求されるケースにおいては，親セラピスト，子どものセラピスト，およびチーム全体のスーパービジョンが重要であることを示している。このようなケースをより良く理解するためには，アンナ・

フロイトセンターでのフォナギーとタージェット（Fonagy & Target, 1996）の研究結果が役に立つかもしれない。彼らの研究は，その少年や両親がより高い頻度の心理療法を受けていたならば，少年が良くなる可能性はずっと高かっただろうということを示している。頻度の高い心理療法は，家族の中に「漂っている」苦しい感情をよりコンテインする枠組みを与えるだろう。

依存的な娘と世話する娘
―欠損によるスプリッティングのケース

別のケースは，親の全体的な防衛システムの中に複数の同一化が混じり合っている場合，いかに同一化が２人の子どもたちにスプリットされ，投影されるようになるかを示している。

二人の娘のいるある家族において，一人が９歳の時に心理療法を開始した。その子どもはコミュニケーションができず，学業成績も振るわなかったため，家族は学校心理士から私たちを紹介された。その少女は非常に無気力で，他の人の世話を求めていた。その子どもは週２回，親は月に１回心理療法に来た。その子どもは黙り続け，不安気で大抵の場合，かなり受け身的だった。新陳代謝の乱れがあったが，それだけではうまく機能できていないことの説明にはならなかった。姉はその子どもとは正反対で，生き生きとして，よく喋り，自己評価も高く，成績も良かった。姉はまた家族の中で多くの責任を負っていた。両親はよい人たちで感じがよいように思えた。しかしながら，娘の問題に両親が取り組むことは難しかった。数年の間，母親はその子については自発的に何も話せなかったが，うまくいっているもう一人の娘については，いつも多くを話した。私たちが，心理療法を受けている娘の担任やクラスメートとの問題について尋ねた時，母親は一笑に付した。時々，母親は庇護的になった。母親はその理由として，その少女の身体的な問題を強調するのを好んだ。

この少女の問題について，特に母親の側に，強力な否認が存在していた。

代わりに，父親は娘の問題に過剰に同一化する傾向があった。娘との関係における問題を親が認識するのを助けるのは不可能だった。圧力がかかると母親は，娘の品格を下げさえし，こうして心理療法は困難になっていた。親セラピストと会っているときはとても感じがよいのに，娘に対する行動を変えていくことにはとても無関心な両親の態度から，私たちは親自身の子ども時代の欠損の経験が抑圧されているのではないかと疑った。

心理療法を開始して数年後，その子どもは学校ではあいかわらずうまくいっておらず，無断欠席を始めた。家族に知らせるために教師が電話をすると，姉が電話にでた。母親，二人の娘，教師，学校心理士，親セラピストのミーティングが学校で行われることになった。

これは，環境の「治療的」機能がいかに重要であるかを示している。私たちのクリニックに最初に連絡してきた学校スタッフは，子どもが不幸せであることを両親に思い出させなければならなかった。心理療法を受けている家族の中で，恥が支配的な感情である場合，心理療法プロセスの継続を可能にするために，私たちは，日常的に子どもと会っている人たちを頼りにすることが多い。おそらく，学校スタッフ，親，そして当初から関わっているセラピストたちのカンファレンスを始めたことは，心理療法のプロセスの助けになったのだろう。

学校でのこのミーティングの中で，これまでうまくやっている娘とは一度も会ったことのなかった親セラピストが，二人の娘の美しい緑の目に言及した。母親はすぐに反応し，娘たちの目の美しさに同意した。そして自分は，「よくある」灰色の目なのでいつもうらやましいかったと告げた。

この一見ささいに思える言葉は，非常に大きな進歩を実際には意味していた。今や，問題をかかえている娘も母親の心的生活の中に入れられたのだ。二人の娘に向けられていた母親の相反する感情は別々に分けられ続けていたが，別々の同一化の間の裂け目は修復された。

次の回で，少女は，自分のセラピストと親セラピストと一緒に会うことを希望した。その子どもは，母親が自分を愛していないと思っていたので無断欠席をしていたのだとセラピスト2人に話した。親セラピストがこのことを母親に話し，その子どもと母親との関係にこれまでとは別のよい発達が生じた。

親の「感じのよさ」は，親セラピストが，良くないことを言うのをとても困難にさせていた。さらには，親に対して非常に気遣っていた親セラピストの逆転移感情は，その子どもが親との間で経験したものと似ているようだった。しかし心理療法は，その少女をより大胆にした。スプリッティングと抑圧のあるこのケースの場合，親と取り組む唯一の方法は，直面化であった。

私たちは，母親自身が心理療法を受けている間，より詳細な背景は何も知らなかった。私たちが知っているわずかなことは，母親が自身の母親への嫌な感情を我慢しており，姉を特権的な人だと見ていたことだった。母親の家族は，恵まれない環境で暮らしていた。非常に幼い時から，母親は家族の生活のために遠くにやられていた。

母親，そして父親もこのような貧しい環境で暮らしてきたので，恥の感情を自我親和的なものと感じており，そのために娘が抱えている問題は，まさに「気づかれなかった」のだと私は思う。

生気のない少女
—トラウマによる退行のケース

次のケースは，父親の人生早期の深刻なトラウマの経験が，父親の世話する能力に影響を及ぼしていたものである。この出来事によって，親として，父親が子どもとの退行的な同一化から離れることを難しくしていた。

その家族は，7歳の末娘のことで私たちのところにやってきた。最初の面接時，家族全体が抑うつ的に見え，その子どもはずっと床に寝そべっていた。その少女は非常に強迫的で，道に落ちている物を全部拾い，外出する時には自分の人形を全部持っていき，とても制止が強いために，学校で勉強ができないということが話された。その少女の心理学的アセスメントの後，スタッフは子どもの心理療法を決定した。そのケースは，私のトレーニングケースだったので，私は週に 1 回子どもに会い，同時に，親面接も週 1 回行った。

心理療法が始まる前に，その少女は突然学校に行くのを拒否した。このために，心理療法を開始したときには，外的設定はまったく機能していなかった。両親は交替で子どもと一緒に家にいなければならず，無神経な教師との葛藤を何とかせねばならなかった。そのために学校の状況をどうにかすることが両親と会ったときの最初の話題となった。数週間後に最初の危機からはほぼ脱し，両親との治療同盟が確立した。この中で，父親の人生のトラウマ的出来事が明らかになった。父親と妹（当時 7 歳）が自転車に乗っていた時，妹は交通事故で亡くなった。この悲劇は父親の責任ではなかったが，父親は非常に深い罪悪感を抱いた。しかし父親は両親，特に母親に対して強い攻撃性を感じた。母親は喪の仕事が長くかかり，父親は母親を「失った」と感じていた。その後の人生において，父親は自分の娘に制限を設定することができなかった。娘を遊園地に連れて行ったとき，特別なランチを娘に買い，自分の食べ物を注文するお金は残っていなかった。

早期のトラウマ的出来事は，この父親に罪悪感の重荷を負わせた。自分の娘にとても親切でいることで父親は失った妹にしてしまったことを償おうとした。それと同時に，娘に向かう受け入れ難い怒りの感情を否認した。娘は，自分から両親を連れ去って行ってしまった妹を無意識には表していた。転移の中で，親セラピストには，怒りや悲しみをなだめられている親と，恐ろしく尊大な親であるかのような感じが交互に生じた。

父親は，7 歳の妹の死を人生での小さな出来事として話した。親セラピストが積極的にこの出来事に焦点を当てて初めて，妹の事故と結びついた罪悪感と攻撃性について考え，整理することができた。父親はこの出来事について，両親にさえも話したことがなかった。この治療的介入の後，父親は自分の 7 歳の娘に，より適切な制限を設けることができた。今では父親は，娘の抑うつと強迫からの回復を受け入れ，サポートすることができている。

共感のない少女
―欠損とトラウマのケース

最後のケースは，母 - 子関係内のトラウマ経験に注目する重要性を示している。

その家族は，8歳の女の子の学習障害と，他の子どもたちと関わりがもてないとの理由で学校から紹介されてきた。その子は4年間心理療法を受けた。親セラピストは，月に1回の面接を行った。親はその子どもが自分たちに共感を示さないことを大いに不満に思っていた。母親は，自分が頭痛になったときの状況を述べて，そのことを説明した。当時11歳のその少女は，母親が頭痛がすると訴えているのに，静かにして母親の状態に注意を払う代わりにたくさんの不平を言い始めた。

その子がまだ赤ん坊の時に親は何度も，その子を1，2週間親戚に預けていたことがわかった。また1歳の時に，母親の不注意でホットプレートで大火傷をしたというトラウマの経験があった。親セラピストが母親にこの出来事について尋ねたとき，その日に一緒に旅行に行くことにしていたのがとりやめになったことで友人が腹をたてていたことが最も重要なことのようだと思えた。出かける代わりに母親は救急病院を探さねばならなかった。

最終的に母親は，自分の両親との未だに困難な関係を心理療法の中で話した。母親は，両親は多くのことを許さない，硬くて厳格な人で，彼女の感情にほとんど関心を示さない人だと見ていた。孫たちに関心を示すでもなく，孫の学習障害を受け入れることもできなかった。

数年後，娘の事故の話が再度もち上がったときに，母親はいかに子どもが火傷の治療中に泣き叫んだかを思い出して泣き始めた。母親は非常に動転していたので，子どもの痛みを和らげることは何もできなかったのだ。

起きたことを初めに話した際には，母親はその事故に由来する罪悪感を隔離していたのだった。しかしながら，親セラピストがその困難な感情を十分に受け入れることができたとき，母親の罪悪感の隔離は消失するに至った。セラピストが母親と両親との難しい関係に共感することによって，母親は自分自身の共感に触れることができた。母親はその事故に対して，罪悪感と恥の気持ちをあまりにも強く抱いていたので，以前には，その経験を受け入れることができなかったのだった。しかし，不適切な両親をもった母親自身の経験に近づくためのスペースが作られ，最終的には，関心や愛情を求めている幼い子どもと母親が同一化することが可能になった。母親は，娘に対してより母親らしくなり，その子どもは共感能力を示すことができるようになった。

結論：親の心理療法は，子どもの心理療法の成り行きを支えることが求められている

これらのケース，また他のケースが示しているのは，子育てに対して行われる治療的ワークは，子どもの心理療法と並行してなされ，子どもの心理療法を成功させるための必要条件であるということである。これは，親役割は能動的なものであることに基づいており，その役割の中で，親は自分の子どもを必要としなければならない（Alvarez, 1992）。子どもが心理療法に入り，子どものセラピストが親役割を引き継ぐとき，心理療法のプロセスは親のコントロール外となる。そのときに親セラピストは，自分たちが親であることの責任を親が維持し，発達させていくのを援助することが必要である。

内的障碍や抵抗を活性化する力を理解するために，私たちは，まずは，親－子の布置に焦点を当てなければならない。親という仕事は，夫婦に大きな情緒的要求を課する。すでに述べた異なったタイプの退行のために，新たな，時には容赦のないやり方で（たとえば，自分たちが影響を及ぼすことができ

ない状況に捕らわれていると感じるとき)，親は自分たちの発達上の欠点，不足に直面させられる。

私が経験した親との面接のいくつかでは，親の積極的な協力にもかかわらず，親が子どもの行動の改善に肯定的に反応するのを妨げる状況が生じた。その障害の主たるものは，親自身の子ども時代，あるいは子どもとの関係における，未解決なトラウマ経験や欠損から生じていた。これらの問題は，子どもの健康的な行動を受け入れてサポートする代わりに，子どもの逸脱した行動に親が同一化するのを促した。いくつかのケースでは，親の防衛パターンには根深いものがあった。これを解決するために，親セラピストは，成熟した世話ができる本来の能力を親が発達させ確立するために，これらの内的防衛に向けた介入をしなければならない。

そうした必要性に加えて，子どもの心理療法の場合，最初に子どもの心理療法が機能するような社会的な設定を確実にすることがあげられる。このことは，親心理療法の他とは異なる特徴である。実際の現実と心的現実の両方を結び合わせるにあたっては，広い範囲を補う必要がある。必要とされる治療的介入は多様であり，親セラピストには広範囲のことが要求されることが示されている。

本章で私は，親になることのプロセスにおける，重要な力動や情動のいくつかを強調している。それらはまさに中心的なものであるが，親支援の実践においては，まったく異なる複数のテーマが前面に出てくるため，このプロセスのいくつかの要素を認識することは容易ではない。親セラピストとして私たちは扱わねばならないさまざまな現実，たとえば，子どもの誕生で活性化される2つの同一化，罪悪感と恥の力動，これらすべてと結びついた特殊な転移，逆転移現象などは，親セラピストの役割をとりわけ骨の折れるものにする。私たちのメタ機能は，親の教育的な仕事を表しており，子どもの「内省的な自我」を発達させていくのを助ける。これらのプロセスをもっと十分に学ぶことによって，親セラピストは自身の専門的自己の能力を広げることが期待できるであろう。

第5章

デイケア治療ユニットにおける サイコティックな子どもの親とのワーク[注22)]

オルガ・マラトス&アサナッシオス・アレクサンドリディス
(*Olag Maratos & Athanassios Alexandridis*)

この章では，ある施設の中での3歳から4歳の間に重篤な精神病理をもつと診断された子どもの親とのワークに焦点を当てる。その施設では，1983年にペリヴォラキ（PERIVOLAKI，“小さな庭”の意）という治療ユニットが設定された。それは，主に未就学児のためのユニットであったが，やがて3歳から14歳までの自閉的，およびサイコティックな子どものためのデイケア・ユニットへと発展した。

私たちのアプローチの中核的な考えを以下に挙げる。(1) 自閉症[注23)]と児童期早期の精神病（共生精神病，混乱精神病など）は，いくつかの共通した特性を持っているかもしれないが，心的機能，感情表現，社会的反応性，人や無生物に対する関わり方という点では重要な違いも示しているかもしれない。これらの違いは，親とワークする際に考慮に入れなければならない。(2) 私たちの臨床実践においては，特定の病理の原因論には関心がない。なぜなら，私たちは，心的状態，心的機能，感情表現，こうした子どもたちが物理的対象に対してだけでなく社会的環境に対して関わる方法を理解することを

注22）訳者註：親ガイダンス，親との心理療法など，多様な内容を含むものとして“work”という言葉が用いられているため，「ワーク」としている。

注23）訳者註：本書の出版当時の概念に従って，“autistic children”を「自閉的な子どもたち」，“autism”を「自閉症」，“childhood autism”を「小児自閉症」と訳している。

重視しているからである。子どもの症状が意味するところは，親とセラピスト両方にとって最も大きな関心事であるべきだと私たちは思っている。親が，子どもの感じ方や行動の仕方について理解することは，子どもの発達にとっても，子どものセラピストと親との間で必要とされる協働関係（治療同盟）にとっても非常に重要である。

サービス体制やサービスの提供に加えて，基礎となる理論の選択やガイドラインは，次節で簡単に述べられる。そうすることで，児童期の精神病に対する私たちのアプローチがよりよく理解されるだろうし，必然的にクライアントに対して行おうとしているワークももっと理解されるだろう。

基礎となる理論的ガイドライン

過去何十年の間の議論の多くは，早期幼児自閉症や児童期精神病の原因として器質因や遺伝負因の寄与に，主に重点を置いており，特にアメリカやイギリスの科学者たちの間では，児童期早期の精神病に対する精神分析的アプローチは，廃れていると考えられている。カナー（Kanner, 1943）の矛盾した見解，真偽が問われているベッテルハイム（Bettelheim, 1967）のデータや極端な意見は，精神分析的な見地からみると，この議論に否定的な影響を与えてきた。しかしながら，長年，子どもの個人セラピーを認めてきた専門家だけが，クライン，レボヴィシィ，マーラー，メルツァー，タスティン，ウィニコットなど（これらの理論に関連した具体的な要点は次章を参照のこと）の精神力動的な理論や概念に刺激された。今挙げた専門家たちは，小児自閉症や児童期精神病に関する理論を発展させたが，それらは必ずしも原因究明に関係しているわけではなかった。それらの理論は，精神病の状態の一因となる情緒的な要因の重要性を強調しており，自閉症やサイコティックな子どもが，どのように情報を処理し，どのように他者や内的な心的現実に関係しているのかを専門家が理解するのに役立った。

ラター（Rutter, 1978, 1983）は，自閉症を説明するために認知欠損モデルを提唱した第一人者の一人である。一方，1960年代，70年代の教育的アプローチは，主に古典的行動主義を基にした学習理論に影響を受けていた（Lovas, 1977）。このアプローチは，興味深い結果を生むことができなかったために使われなくなり，教育的アプローチよりも認知－言語的アプローチの方が，長らく自閉症の子どもに推奨された（Churchill, 1972）。

病因論に関する研究は，長期にわたって行われており，今でも世界中で続いている。そして，主に早期幼児自閉症や児童期早期の精神病の一因となる生物学的要因の研究に重点が置かれている。児童期の自閉症の研究，そして，自閉症と児童期精神病とを区別するための生物学的研究は長い歴史をもつが，精神分析的アプローチに対するリムランド（Rimland, 1964）の批判的な評価は，特にその歴史の初期には決定的であった。今までの結果は確定的ではないが，研究者たちはエビデンスが不十分な時でさえも，自分たちの理論モデルを支持している。この事態は，私たちすべてが，心の精神病状態，つまり混乱し，バラバラであり，強い不安やパニックに圧倒された状態を表す際に抱く困難さを映し出しているというのが私たちの見解である。自閉症やサイコティックな子どもには，器質的な生得的欠如があると信じている人たちのグループの中でさえ，この欠如の本質については意見が異なっていることを強調しておかねばならない。神経解剖学的システム，神経生理学的機能障害，神経科学的な影響，遺伝子異常は，自閉症の基礎にあると考えられている2，3の因子にすぎないのである。より統合された現代の理論は，ドーソン（Dawson, 1989）によって分類され，それらの包括的な概要が，トレヴァーセン，エイトケン，パポウディ，ロバーツ（Treverthen, Aitken, Papoudi, Roberts, 1996）によって作られた。

この種の議論は非常に興味深く有用であるが，自閉症やサイコティックな子どもが困難を乗り越えるのを専門家が援助しようとする方法を必ずしも示しているわけではない。感情を理解したり表現したりするという基本的な能力のなさを主張する理論が，自閉症やサイコティックな子どもの研究における新しい道を切り開いたように思われる。なぜならば，コミュニケーションや学ぶことにとって，情緒は必要不可欠できわめて重要な因子だからである。トレヴァーセン（1993）は，発達早期における情緒の重要性と機能について興味深い考えを示した。ホブソン（Hobson, 1989, 1993）は，情緒発達の障害を強調することで，自閉症に関する重要な理論を発展させた。彼によれば「自閉的な子どもたちは，環境と情緒的・能動的な関係を持つことに対して生物学的な損傷を持っている」のである（Hobson, 1989, p.42)。こうした考えは，精神分析理論や精神病に対する精神分析的志向のセラピーにもう一度焦点を合わせており，子どもとのワークにおける主な目標の一つは，他者との関係に影響を及ぼすようなやり方で情動を何とか統制することなのである。

情緒的な欠如と子どもの情動的体験を重視する精神力動的な理論に刺激されたセラピストによって発展してきた考えは，ペリヴォラキでの私たちのアプローチを刺激してきた。「妄想分裂ポジション」と投影同一化（Klein, 1946），メルツァーの「分解」の概念（Meltzer, Brenner, Hoxter, Weddell, & Wittenberg, 1975），タスティン（1972, 1981）のカプセル化と混乱した反応 confusional reaction という二分法に関する考え，オウラニエル（Aulagnier, 1975）の「ピクトグラム」の理論（自己の統合を促進している初期の心的構造として重要），アンジュー（Anzieu, 1974）の「皮膚自我 skin-ego」といったクライン派の概念は，サイコティックな子どもの精神機能に影響しているメカニズムを理解するうえで重要なものと思われる。

ペリヴォラキで用いられている技法だけでなく，理論的なモデルも精神分析の理論的枠組みに着想を得ている。精神力動的な原則は，子どもたちとその親に提供されているサービス体制，そして，ユニットで働いているスタッフの集団力動にも適用されている。子どもたちそれぞれの行動や精神機能の中に現れているサイコッティックな状態は，子どもたちや家族と仕事をしているすべての専門スタッフだけでなく，施設の中の単一集団であるユニットにも影響を及ぼすと私たちは思っている。たとえば，専門家の過度な反応が，子どもあるいは家族の病理の再現の結果であるということに気づくことがある。スタッフへの個人スーパービジョンおよびグループスーパービジョンだけでなく，定期的かつ頻回に話し合うことは，専門家スタッフの個人的な反応に含まれている困難さをサイコティックなメカニズムを理解する手段へと変えるのに役立つ。

デイケア・ユニットとそのワーキングモデル

ユニットは総合的な場であり，子どもと親双方が紹介されて来る唯一の場所である。非常に多くの場合，ユニットは正確な最終診断がなされる場であり，同年代の子どもからなる小集団と丸半日一緒に，ある特殊教育プログラムに参加する場である。そして，子どもが精神分析な個人心理療法を受ける場でもあり，親が自分たちのセラピストと定期的なセッションをもつ場でもある。ユニット外部の活動の多くは主にユニットのスタッフによって提案されるが，それは子どもの活動を観察する中で見られる家族の進展に沿って提案される。ユニットの職員は，家族が必要なだけの連絡を取ることを助けたり，ユニット外部のあらゆる活動をコントロールしたりすることをサポートする。

ユニットは大きな施設の中にあり，総合病院の精神科や小児科のように独立して活動している。このことは，親やスタッフが施設に対して持つ関係性（期待や空想）を特殊化するため，考慮に入れなければならない。通常，大きな施設には，広い年代の人々が利用可能な非常に多くのサービスがあり，そのことは安心感をもたらし，さらに言うと子どもの未来に対して一種の保証を与えることになる。一方で，大きな施設は，結果的に，慢性的な精神病状態を強めたり，監禁されているとの感情を刺激したりすることもある。私たちのデイケア・ユニットのような比較的小さな施設は，より個別の関係性を育む。肯定的感情と否定的感情両方の転移が，特に親たちによって表現されるために，そのことは助けにも危険にもなり得るという事実を専門家は自覚しておかねばならない。

ユニットが設立されたとき，3つの主な目的を設定した。それは，(a) 児童期の小児自閉症や精神病をもつ子どもたちとその家族に対して専門的なサービスを提供すること，(b) 児童期の精神病に取り組みたいと希望する児童精神科医，心理士，教師，保育士，ソーシャルワーカーに対して専門的な教育と訓練を行うこと，(c) 児童期早期の精神病に関する研究を行うこと，もっと具体的に言うと，心理療法プロセスと技法論について研究することである。ユニットが開始して14年の間に，サービスは発展し，ますます専門化されてきた。ユニットが，毎年さまざまな科学的専門分野から多様な目的（鑑別診断，ティーチング，子どもの個人心理療法，親カウンセリング）をもつ6～8人の訓練生を受け入れているという事実は，非常に有益でやりがいのある経験となっている。なぜなら，絶え間なく私たちの考え方を刺激し，児童期早期の精神病に対する私たちのアプローチの仕方について振り返るのに役立つからである。訓練生の存在によって，常勤スタッフのみならず訓練生のもつ専門的関心を追究するためのさまざまな活動を行う子どもたちの小グループを企画できる。たとえば，楽器を作る，指人形を作る，指人形で遊ぶ，専門的なコンピュータのプログラムなどである。3つめの目的は，現在進行中のものであるが，以下に挙げる標準的な精神分析的モデル（50分間のセッション，週3回，子どものセラピーと家族のセラピーを完全に分離する，セラピストの中立性，主に転移や無意識的空想に向けた解釈）を始めることである。年齢や病理に関係なくすべての子どもたちにそれを適用している一方で，数年の間に，より能動的な介入モデル interventive model へと変化してきたことに言及しておかねばならない。設定は同じままであるが，週に2回のセッションのみの子どもたちもいるし，最大40分しかセッション時間がない子どもたちもいる。さらに，ケースによっては，セラピーの特定の時間に重要な物理的対象（毛布，ミルクあるいはビスケット，おまる）の使用を導入したりすることもある。介入と解釈は，外的現実，特別な出来事，子どもの二次過程を考慮に入れる。また，最も重要なことだが，子どものセラピストは，子どもと両親，あるいは母親と子どもがセッションに同席参加するよう求めて，そのようなセッションをもつこともある。

診断について

子どもが発達するにつれ，確定診断を行う機会がある。そういった機会が親と子どもの関係性の質に対してだけでなく，治療に携わっている職員や全体的なセッティングと親との関係性の質にも影響を与える傾向があると，私たちが確信していることに言及しておく必要がある。3，4歳という非常に幼い年齢で，親が初めて子どもを専門家のもとへ連れて行くときには，精神病と自閉症は，多くの共通した行動特徴を示している。なぜなら，幼い子どもの脆弱な防衛システムは，この早期の病理に特徴的な激しい不安に対処する術をほとんど持たないからである。これらの病理は現象学的に似た特徴をもち，社会的関係からの引きこもり，常同行為，情緒的な関係や言語表現に関するさまざまな問題があげられる。非常に幼い年齢だと，改善への期待感が親にも専門家にも高まる。こうした期待感は，全能的で万能的なメカニズムを通してセッティングに投影され，専門家スタッフのもつ同様のメカニズムとも合致しがちである。このことが親とのワークの質と内容に影響を及ぼすのは明らかであり，そのようなメカニズムを絶えず自覚しておくことが重要である。これが，ペリヴォラキで，個々のケースに取り組んでいるすべての専門家（教師，子どもの心理療法士，家族療法士，運動療法士，定期の音楽教師など）とスーパーヴァイザー（児童精神科医，臨床心理士）が定期的なミーティングを行っている理由である。ケーススーパーヴァイザーは，診断について議論し，ユニットがどのような取り組みを行い，親や子どもに何を期待しているのか（言い換えれば，ユニットと家族との間で契約について話し合うため）を説明するために，最初の診断期間中に親と子どもに会う。そして，ケーススーパーヴァイザーは，少なくとも年２回は親と個別に会い，親や家族療法士から求めがあればいつでも会う。

ペリヴォラキに入所している子どもたちは，その後は，さらなるスキルの習得を目指す特別支援学校か，普通小学校のどちらかに入ることができるが，普通小学校の場合，通常，彼らの実年齢よりも 1，2 年下の学年に在籍する必要がある。親がどちらを求めた場合でも，両方のケースにおいて，ペリヴォラキの専門教師が，子どもが新しい教育環境に適応するのを見守り，新しい教師たちと定期的なミーティングを行う。

子どもは，ユニットに長期間（滞在が 3～4 年ということを意味している）滞在しているので，子どもが年齢を重ねていき，診断も少しずつかたまっていく。最も有用なのは，病気の慢性的な状態が明らかになるにつれ，診断が親や専門家の考えの中にゆっくりと確立されていくということである。親は，自分たちの子どもがハンディキャップをもち，おそらく現在よりも将来的に保護やケアを必要とするという事実に，そしてユニットが親や子どもたちを守る「家族」の役割を果たしているという事実に直面する。精神病（心的機能が荒廃した状態であり，そのこと自体が精神病の特徴である）は，認知，言語，情緒，社会性の発達に影響を及ぼす。運動発達に影響を及ぼすこともある。その結果，子どもたちは，身体の筋肉運動の動きが非常に機敏か非常に不器用かのどちらか一方になる可能性がある。子どもが成長するにつれ，しばしば知的な遅れがあるという印象を与える。自閉症における精神遅滞は，その病気の主な機能障害と併存しているが，これは他の児童期の精神病には当てはまらない。実際には，認知，象徴，言語のメカニズムにさまざまな困難を引き起こしているのがサイコティックな状態である。サイコティックな子どもの自我は未熟なままであり，その結果，現実原則はうまく機能しないままである。そのような子どもは，同年代の仲間が行う通常のやり方で，現実を表象したり象徴思考を用いたりすることや，リビドー対象にアタッチメントを保持しておくことが困難であり，そのことが外的環境や毎日の出来事への関わり方に影響を及ぼす。これが，サイコティックな子どもの多くが，知能検査の得点が振るわない理由である。こうした困難は子どもが成長するにつれ明らかとなる。そして，このような特殊な問題の実情を親が認識するのは，親と子の関係，そして親と専門家職員との関係において，きわめて重要な機会なのである（肯定的にも否定的にも）。

子どもの状態が早く改善してほしいという期待が裏切られるとき，親の中の（それだけでなく子どもと親とワークしている専門家たちの中の）去勢ファンタジーが活発となる。これらに続いて，自己愛的なトラウマ，攻撃性，抑うつが親の中に生じるかもしれないし，もっと後になってワークスルーを通して，重要な喪のプロセスが起こるかもしれない。さらには，両親のうちの一人がうつ病を患うことがあれば，大抵の場合，個人心理療法に紹介する。家族療法士による親とのワークでは，子どもに対する親の考え方や感じ方のあらゆる変化に細かく注意をしながら理解していかなければならない。

親とのワーク：セッティングと精神力動的原則

契約について

親との最初の契約には，ユニットが子どもや家族に提供するサービスの種類について同意を得ることが含まれ，それは，親自身の要求が何かに関わらず，親と家族療法士とのワークから成立するものである。ある意味で，それは親に「無理強い」していることになる。長い間，私たちはユニットに子どもが滞在しているうちの少なくとも最初の２年間は毎週のセッションを行い，その後は隔週のセッションを行うという厳密なやり方にしたがっていた。その期間中は，親にもセッションに参加してもらうようお願いしていた。しかしながら，ここ３年のうちに，このやり方を修正し，親に提供されるサービスの仕組みやセッティングをより柔軟なものにした。なぜなら，有意義で治療的な親ワークを開始するためには，親自身の求めを待つことが重要であると感じたからである。次節では，最新の親ワークのやり方について述べられている。親ワークは，定期的に実施され，次のような形が生じうる。(a) 両親が一緒に，(b) 大部分は一人の親で，数回のセッションはもう一人の親も一緒に参加する，(c) 両親と子どもが一緒に，(d) 子どもと親の一人，(e) 数回のセッションにきょうだいが参加する。

内容について

サイコティックな子どもの親と専門的にワークすることは，心的機能（考え，表象，思考，空想，感情，象徴的な性質を持った行動，「行動化」への試みとしての行動）と関連のある治療的なワークの中で生み出されるものと類似した素材に直面することになる。この素材は，次に示すような具体的な特徴という観点から記述することができる。(a) 大量に産出される言語外のもの，(b) 一緒に生活している誰かが精神病の影響を受けているという緊張とダメージは，親だけにではなく専門家にも影響を与え，セッションの間，必要な慎重さをもてなくなる。親が伝えてくるものの豊かさと転移現象にもかかわらず，親のコミュニケーションは個人的な解釈の定式化には利用されない。なぜなら，私たちの施設では，治療的な介入として，家族療法ではなく親との協働関係を選択するからである。家族の中に精神障害をもつメンバーがいるということが，家族が家族療法を受ける必要性を強く要望する十分条件ではないと私たちは考えている。たいていの場合は，親は協働関係という形を必要としており，ケースによってはそのことが最終的には家族療法を求めることにつながっていく。結果的に，この設定における専門家の介入は専門家が取り得る可能な形で，親－子ども－施設間の相互関係に言及するしかないのである。これらの相互関係を認識し説明すべきであるし，部分的には精神力動的な方法で解釈すべきであるが，同時に親のパーソナリティ構造や無意識のパターン，想像された筋書きに言及するような解釈は，完全に避けるべきである。専門家がそのような解釈を考えることができるとしても，自分自身で保持し，次節で記載するスタッフミーティングで同僚たちと話し合う。このようにして，施設は家族の中で経験されてきたトラウマ的な経験の再現が起きるのを防ぐのだが，同時に償いが生じるセッティングとしての機能も果たしている。

コミュニケーション

親と専門家の協働関係が継続している間，親と子ども，子どもと社会的環境，子どもと施設，親と施設だけでなく，両親間のコミュニケーションの確立と修復が，専門家にとって変わることのない主な関心事である。特にこの協働的な関わりの最初の方では，しばしば家族間のコミュニケーションが阻害されており，不十分である。セラピストは，初めに協働とコミュニケーションの可能性を自らの態度によって表現し，サポートする。セラピストは，面接を提案する（たとえば，話し合いの時間を設ける）。またセラピストはセッションの時間はそこにおり，コミュニケーションのために利用可能である。このようにして，セラピストは親が参加できるように基本となるセッティングを確立していく。親は，話し合いにやってくるようになるが，言語表現を通じて，最初のうちは自分たちの痛みや絶望を表現したり，自分たちが直面している問題の解決策を探したりするよりも，むしろ他者を攻撃したり締め出す傾向がある。面接を組織化していくことは，親が子どもに対して模範的なやり方で取るべき態度を表している。在・不在の連続性が安定していることは，子どもが他者（精神分析的な用語では「対象」）を知覚し始め，安定した関係（最初は現実的に，後には心理的に）を続けられるような基本的な条件を作り出すのである。

クラメールとパラシオ・エスパッサ（Cramer and Palacio-Espasa, 1993）は，通常の心的発達にとってのリズムの重要性を強調した。そして，私たちは観察を通じて，サイコティックな子どもたちに対する親の世話の仕方には，リズムが不在で無秩序だということに気づいた。話し合うことのできる，ある特定の人を親が利用できるということは，「私は聴いて，理解して，感じて，情報を処理して，話す」といった連続性を象徴化し，母親的な対象との関係を確立するために必要な条件のよい例である。ビオン（Bion, 1926b）は，この機能を「アルファ機能」として記述した。この機能は，サイコティックな子どもの親に代わってセラピストによって一時的に引き受けられるものである。つまり，他の人が表象を形成することができなかったり，自分自身のものとして関係したり認識したりすることができないあらゆる欲動を，セラピストは自分の中で受け止めコンテインした後に，考えたり整理していくのである。

おそらく，このように理論と技法を定式化することは，普通は原初のarchaicパーソナリティ構造に関係しているので，読者は奇妙に思ったり，誤解したりするかもしれない。読者は，サイコティックな子どもをもつ親は，主にこういった種類のパーソナリティ構造を持つと考えていて，私たちはそうした親について考えたり観察したりしていると思っているかもしれない。サイコティックな子どもの親の中には，自己愛的なパーソナリティ構造を持つ者がいるという私たちの観察にもかかわらず，サイコティックな子どもの親を特徴づける特別な心理的プロフィールがあるとは考えていない。しかしながら，親のパーソナリティ構造の多様性にもかかわらず，自己愛的な関わり方として定義づけられるような原初のメカニズムを親が用いている可能性を，サイコティックな子どもに対する親の反応や交流の中に，非常にしばしば観察するのである。セラピストが直面しやすい状態は，傷つきやすいナルシシズムである。これが，原初archaicとは何か（Mahler, 1968）や「コンテイニング」理論（Bion, 1962a）について言及している理論を私たちが選択した理由であり，それゆえに私たちは親自身の空想世界に近づけるのかもしれない。

現象学的側面について

セラピストは，セラピスト自身の恒常性，在と不在，交流，言語，ワーキングスルーといった要素（それらは，空間・時間・現実をつなぐものである）を確立しなければならない。親の会話の初期のプロセス（非常に長期間続く可能性がある）は，たいていは主に現象学的である。つまり，親は自分たちの子どもの行動で明らかなことは何なのかを観察しなければならないし，それを記述できなければならない。これは難しいことかもしれない。セラピストとの面接開始当初は，親は子どもについて何も話すことがないのである。なぜなら，親はサイコティックな世界の空虚さに圧倒されているか，子どもに起因する空虚さを隠すための型通りのイメージを繰り返すからである。こうした型通りのイメージは，親自身の無意識的なシナリオが過剰に表現されているものかもしれない。親が素朴で，二次的なワーキングスルーが不足しているために，親にそれらの深い意味を示すような方法をセラピストがとることはできないのである。時に子どもの暴力的な遊びを親が無意識に歪曲するというシナリオがある。そのようなシナリオは，子どもが非常に恐ろしい破壊傾向を持っているという考えと結びついている。たとえば，ある非常に幼い子どもの親が次のように言ったことがあった。「この子は家全体をバラバラにできるし，すべてのもの，すべての人を壊すことができる」と。もしセラピストが，そのような空想を子どもに対する親の投影として解釈するとしたら，セラピストは正しいのだろうが，その目的は間違っているだろう。なぜなら，そのような解釈は，おそらく親の心的世界を統合するための手立てとはならないからである。その代わりに，セラピストは神話やおとぎ話のメタファーやジョークを用いることできる。たとえば，「あなたは，あなたのお子さんがおとぎ話に出てくる恐ろしいドラゴンみたいだと私に話しているのですね」というように。部分的に退行して，親は自分の恐れを誇張していると感じ始めるかもしれないし，そのようにして，親自身の幼児的な空想世界への道が開かれるかもしれない。

協働関係における進展：同一化と空想

セラピストが外的現実や，親子間の交流が生じる内的心的現実にこれを組み入れるやり方を修復しようとすると，セラピストはジグソーパズルのピースのように毎日の生活の詳細すべてを集め，欠けている部分を作り上げていくことになる。この組み立て作業は，親の目の前でなされるのであり，非常に役立つものであり，時に急を要するものでもある。たとえば，それは，皮膚をむくとか手を噛むといったような，親子の交流に関連しているような，繰り返し生じる自己攻撃的な行動，あるいは自傷行為にセラピストが直面しなければならない場合などである。これらの説明は親に伝える必要があるが，親が思考のプロセスの中に親自身が参加しているという印象を持てるように常に注意する必要がある。そうしなければ，セラピストは理想化され，親は幼児化し，セラピストに依存的になる。その場合，セラピストは，親にとって万能的な対象，あるいは過保護な対象として感じられる可能性がある。しかしながら，習慣的ではない新しいやり方を突然取ることによって，セラピストは迫害対象として感じられるかもしれない。原初に起源をもつこうした問題を避けるには，理解や意味づけをしようとする心的，かつ建設的な試みは注意しながら行われるべきである。なぜなら，親は，セラピストに同一化することによって，強迫的にすべてのことを途切れなく説明するようになる可能性があるからである。この病理的な振る舞いは，相手に向けられる絶え間ない暴力であり，相手は解釈の爆撃を受けることになる。残念ながら，一部の経験の浅い専門家は，この病理的な振る舞いから逃れられない。つまり，沈黙は，思考や空想の出現を促す心的な一時停止として役立つので，沈黙を許さないとすると，それはセラピスト自身の心的プロセスの歪みでもある。専門家や親の言葉の背景には，精神病と出会うことによって刺激される空虚さへの強い恐怖が隠されている。前節で記述したように，治療的な介入が照準を定めているのはこの空虚感であり，家や学校での子ども，親，家族の表象を作り出すことを通じて，この空虚さを構造化しようと試みている。思考，感情，空想の表象／つながり／解釈は，梁や要塞を築き，精神病理が作り出した暴力のはけ口を形成し，空虚さを取り扱う効率的な方法を提供する。

しかしながら，親とワークする際に私たちが目指す現実の治療同盟は，子どもや親の健康なパーソナリティ部分に基づいてはいない。健康な部分は，非常に有益な相互作用のユニットを形成するが，実際の構造化は，それが実現化される可能性があるとしても，いつもパーソナリティの病理的な部分の上に実現化されるだろう。病理的な部分に気づくためには，それらが充分に表現される機会を作り出さなければならない。このことは，セラピストの能動的な態度が，「干渉せずに待ち続ける人 non-interventionist expectation」として記述できるような態度を伴うべきであることを意味している。これは，沈黙の間に現れる「逆説的な」あるいは「無分別で手に負えない mad」要素や空虚感の出現にセラピストが持ちこたえるのに役立つであろう。この特殊な状況は，子どもが参加するセッションの中で特に観察されるが，セラピストと親の面接の多くでなされる会話の中にも表れる。セラピストが，考える能力を破壊されることなく，また抑うつによって破綻したり，行動化したりすることなく「手に負えなさ madness」に持ちこたえることができるという事実は，親にとってはモデルとなる。模倣，そして最終的にはセラピストとの同一化を通じて，親は子どもの病理に直面できるようになる。おそらく，親は多様な行動，つまり，子どもの暴力的な妨害活動や身体的暴力を減らすことができる。セラピストが，狂気のようなものに耐えることができ，またセラピストの同意しない振る舞いを許容することができるということもモデルとして役に立つ。最も重要なのは，あらゆるものを「白か黒か」に，精神分析的な用語で言うならば，過度に迫害的か過度に保護的な部分対象かに分けようとするスプリッティングを用いるがために，対照的なものごとに耐えることができないサイコティックな状態から，親は距離を置き続けることができることである。もし親が，そのようなスプリッティングにセラピストが耐えられると感じるならば，これはクライン（Klein, 1953）が「抑うつポジション」と称した状態が始まるのに役立つ。つまり，親，子ども，セラピストが「良く」もあり,「悪く」もあるのだと同時に経験することができる。

抑うつポジションと罪悪感

できる限りスプリッティングの問題を取り除いた上で，ワークする状況を確立すると，セラピストによって評定されているという感情を親は抱かなくなっていく。そして，親は，批判的な考えを述べたり，無意識的で潜在的な罪悪感について考えたり整理したりしやすくなる。私たちは意識的な罪悪感について言及するつもりはない。それは，すべての親が経験し，時に子どもへの過剰な世話を通して埋め合わせようとすることによって，体系的に表現されている。私たちは，子どもに向けられた重大な影響をもつ攻撃性と結びついた無意識的な罪悪感について言及していく。セラピストは，これらの攻撃的な動きに気づくべきである。そして，それについては，子ども自身ではなくその子の「病気」を攻撃し，ダメージを与える動きとして解釈しつつ，親と話し合う必要がある。もしこの基本的な心理的動きが浮上しなければ，セラピストは，子どもだけでなく，治療の場に対する親の攻撃的な行動に絶え間なく直面するであろうし，セラピーの場は，子どもの混乱の預け場所として，あるいは無為に時を過ごすままで，「悪魔払い」をしない理想化されたセラピスト／救世主としても親には感じられるのである。

リビドー備給と攻撃的な備給

親とワークしている専門職スタッフだけでなく，施設内の他のスタッフである特殊教育の専門家，子どもの心理療法士，技術や経営上のスタッフは，親のどんな攻撃性の表れに対しても敏感である必要がある。それは，親がいつも子どもを遅れて学校に連れて行ったり，家庭の中の重要な出来事をスタッフに報告しなかったりというように，潜在的だったり受身的な方法で表現されるときもあるし，親や子どもが妥当な理由なしにたびたび休むといったときもある。そのように偽装された攻撃傾向の取り扱いを先延ばしにすることは，事態を深刻化させる。取り扱うのが遅すぎると，たとえば，親が突然，治療から撤退するときにセラピストはそのことに気づくことになるだろう。このように治療の場や意味のある関係を築いている人を子どもから突然取り上げることは，子どもやその子の進展，発達に対してきわめて破壊的でありうる。そのような攻撃的な行動のもう一つの例として以下のようなものがある。親が午前中はペリヴォラキに子どもを連れて来るが，午後は私たちのやり方とは相容れない教育的なオリエンテーションの別の治療の場，たとえば，古典的な学習理論に基づいた行動変容のテクニックを用いる設定や自閉的，あるいはサイコティックな子どものための修正がなされていない伝統的な言語セラピーを始める場所にも同時に入会させるときである。

親の攻撃的な傾向は，すぐに認識されて対処されなければならないが，セラピストに向けられた親のリビドー的－性愛的な動きを解釈することは役に立たない。つまり，専門家は，こうした性向を理解して，親子関係の方に向けていく必要がある。このことは次のことを意味している。セラピストは，親がセッションにもち込む要求と素材の両方から安全な距離を保たなければならないし，関心をもって話を聴き，親の考えを補完するものとして自身の考えを伝える必要がある。しかし，セラピストは，親と話し合う際には自身のパーソナリティの要素を投影すべきではない。セッションは，セラピストが，思考過程や精神病のセラピーに対して向けているリビドー備給でもって，「ワクチン接種」を親にするかのように実施されるべきである。なぜならセラピストは，自分自身でこの分野の仕事を選択しているからである。セラピストは，親が子どもと交流できる方法を自分のものにできるように，個人としては目立たないようにする。スタッフに対する親の誘惑的な動きが助長されないために，親とワークしている専門家だけでなく施設内のすべてのスタッフが，親に対して同じ態度を取る必要があることを強調する必要がある。

施設が，専門家スタッフが親に対して行うかもしれない誘惑的な動きを促進しないこともまた，大変重要なことである。それゆえに，施設は他にある解決策のうちの一つであるということ，つまり親自身が子どものために選択した一つの解決策であり，それは相互選択であり，変更したり中止したりできることを強調しながら，親に提示することが望ましい。もし施設が「完璧な」あるいは「優れた」解決策であると示せば，親の共生的あるいは付着的，嗜癖的な傾向は強化され，親は幼児化するだろう。親は未熟なままであるだろうし，家族生活やセラピーの進展をうまく組織化することができないだろう。同時に，親が万能的な設定に付着したままとなれば，子どもの入学や適応は阻害されるだろう。

以下の素描では，親の行動やサイコティックな傾向についての私たちの考え方がよく説明されている。

「セレスティン」

両親は，当初セレスティンの早期の問題を否認しており，4年間彼女を普通学校に行かせていたが，うまくはいかなかった[注24]。両親は，セレスティンが8歳の時に，ようやくペリヴォラキに行かせる決心をした。予備的な診断の段階で，母親が，サイコティックな核，つまり偽りの自己による防衛と娘との共生関係を伴ったものを有していることに私たちは気づいた。父親は，外的現実に対して衝動的な過活動を用いる慢性の潜在性のうつ病 latent depression を患っており，たとえば，膨大な仕事をしたり，専門的な活動の方向性を頻繁に変えたりしていた。父親の内的な心的現実に関しては，心身の機能不全があり，病的でさえあった。

セレスティンは，顔を隠し，髪の毛の下からじっと見ており，ゆっくりと話し，特に母親との架空の対話をよくしていた。たとえば，「それをしなさい，かわいいセシル」，「私はセシルを引きちぎるつもりよ，バラバラに切り刻むつもりよ（母親は，セレスティンの愛称を使っていた）」というように。セレスティンは，ペリヴォラキで退行することを許され，心理的にも身体的にも世話された。その後，学校，教師たち，心理療法士を信頼し始め，対人関係や教室の参加活動に進展がみられた。セレスティンの言語は改善されたが，声はしばしば消え入るようであった。セレスティンは，母親と共生的な関係をもっているために，言語を用いることはまるで母親と距離を置くような経験であり，その距離に耐えることができず，そのために消え入るような声なのではないかと私たちは仮定した。

家族療法士は，母親がセレスティンと距離を置き，セレスティンが自分の個別性を表現できるように援助した。母親は，時々距離を取ろうとしたが，セレスティンをコントロールしないようにとの努力にもかかわらず，頻回にセレスティンをきつく，そして非常に強く抱えこんだままであった。

注24）著者注：この子どもが時にわれわれに与えるのは，リアルな実態がなく，暗くて，曇り空のような感じであり，それを強調するために，このケースに対して「セレスティン Celestine」という名前を選択した。

もし，セレスティンが少しでも自立あるいは不服従の兆候を示せば，家に数日引き留め，私たちには子どもが学校に行きたがらないのだと話した。一方で，この締めつけられるような抱えこみから抜け出る道を見つけることができないために，セレスティンは便秘になり，母親への依存を強めただけでなく，母親が彼女に暴力をふるう可能性（浣腸を通してのもの）も高まった。この悪循環は，家族療法士と母親がそのことについて話し合うことができるまで，何回も繰り返された。

母親が子どもをコントロールするもう一つの方法は，ささいな理由で子どもを家に引き留めるということだった。たとえば，母親は，学校では他の子どもがセレスティンをぶつと脅した。母親が病気になったときも，母親は子どもを家に引き留めた。私たちは，母子同席で会うことを決め，彼女たちに二人は別々の人間であるということを話し，セレスティンに毎日学校に通ってほしいと母親は願っているのだとはっきり言うように母親に求めた。セレスティンは学校に戻り，しばらくの間は定期的に出席した。

セレスティンが成長するにつれ，両親は彼女が慢性的な病気に苦しんでおり，病気が多くの不安を生み出していると認識した。両親とそのことについて話し合った時に，私たちは母親に個人心理療法を勧め（母親はそれを受け入れなかったが），同時にセレスティンが，それほど混乱していない子ども集団との放課後活動（バレエや音楽）に参加できるように家族を支援した。残念なことに，父親は専門的な過活動と心身症的な病気を用いて，母子の二人組から距離を保った。そして，カップルセラピーのセッションも欠席した。母親は，空想の中で自分自身と家族療法士のカップルを作り上げる傾向があった。それは，「二重 double」の関係という特徴を持ったカップルであり，カップルの中にある他者性という要素が母親には欠けていた。セラピストは，この困難な状況をワークスルーするには長い時間がかかると認識していたので，子どもと伯母との関係性を強めて，この非常に共生的な関係性の中に第三者を引き入れようとした。セレスティンは，目覚ましい進展を遂げた。セレスティンはより自立し，ユニットのメンバーと共に個別のミーティングに参加することを求め始めた。また，象徴的な遊びを行い，前よりも大きな声で話し，個人の考えや願望を表現し，怒りを表した。最も重要だったのは，母親に怒り始めたことだった。セレスティンは読み書きも始めた。

セレスティンは12歳半になっており，もう2学年の間ユニットにいることができたのだが，夏休み後に，母親は，おそらく精神病的な解体を伴う心的な動きによって(夏の間，父親は重篤な心臓病を患い，入院していた。父親は戻ってきた時，母親が申し出た助けを拒み，再び働き始めたのだった)，セレスティンを週に1，2回学校に連れて行かないという行動に出た。母親は欠席の理由をスタッフに説明しなかった。母親とケーススーパーヴァイザーの間でもたれた面接の中で母親はかなり感情的になり，家でセレスティンのために「シナリオ・スピーチセラピー」を計画していると話した。もしセレスティンが14歳（子どもたちがユニットを去る年齢である）で通常の学校に行ったら，みんなが「歩き回っているあの背の高い人は誰？」と考え始めるだろうと言った。また母親は次のようにも言った。「この子はまるで二つの脳を持っているみたい。一つは狂っていて，もう一つは正常なの」，「セレスティンは，パイを丸ごと必要としているのに，ここペリヴォラキでは，あなたたちはばらばらに切り分けたパイしか与えてくれてないじゃない」と。母親は家でパイを丸ごとセレスティンに与えることに決め，それがセレスティンを学校に連れて行くのをやめた理由なのだと語った。

私たちは，母親の言葉が自分の子どもについて彼女が考えたり感じたりするやり方を示していると考えた。「歩き回っている背の高い人」は，セレスティンの慢性疾患に対する認識を表している。セレスティンは成長しているが，未だに他の同年代の子どもができることができなかった。もっと「正常」な発達を遂げてほしいとの母親の希望は，徐々に消えつつあり，これがセレスティンのナルシシズムに対して強い打撃となった。母親がセレスティンに与えるつもりでいた「シナリオ・スピーチセラピー」は，子どもが自分の考えを言葉で表現できるようになったら，すべての問題が解決するだろうという母親の確信（これはほとんどの親が持っているものだが）の最新版だった。同時にこれはペリヴォラキに対するヒントでもあった。なぜなら，私たちは標準的なスピーチセラピーに関するどんな求めにも応じなかったからである。子どもが「二つの脳を持っており，一つは狂っていて，もう一つは正常だ」という母親の考えは，母親が自身の表象を投影していた。つまり，(a) 一つは意識的なものであり，それは控えめで，何でも同意するという方法で外界と関係する母親の偽りの自己の一部である。(b) もう一つは無意識的なものであり，それは母親を反復へと押しやる原初 archaic の部分である。この分裂は，子どもの悪い部分を追い払おうとする母親の努力であると同時に，子どもは脳の中に健康な部分をもっているかもしれないという母親の希望を維持していた。このような希望は，親が子どもに対して非常に要求がましくなるリスクはあるかもしれないが，セラピストと親の治療同盟にとっては非常に重要である。「スプリットした脳」という考えは，子どもの状態に対する生物学的な答えを親が果てしなく探究することにつながるかもしれない。それは，よく見てみるという心理学的なやり方とは反対の立場をとっている。最後に，「パイ丸ごと」は以下のことを意味していた。それは，セレスティンが，万能的な母親が所有するもののみを必要とし，その一方でペリヴォラキは「断片化したもの」しかもっていないということである。母親は，子どもが間もなくペリヴォラキから去るということを認識したときにこのことを話した。ペリヴォラキは退所までは保護してくれるが，永遠に与え続けることはできないのだ。このことは，母親が境界という考えやフラストレーションの感情を受け入れることができないということを示している。なぜなら，母親は心的装置に去勢[注25)]という概念を組み込んでいなかったからである。母親は，結果的に自分のフラストレーションを外的現実に投影した。つまり，母親は，去勢と哀しみの状態をペリヴォラキに押しつけ，一方で

注25）訳者註：ここでは去勢を物理的な喪失，心理的な喪失および，万能ではないことの意味を含むものとして捉えている。

娘と共に幻の万能的な共生的な領域に母親自身が退却していたのだった。

ワークの計画目標—人生の計画目標

構造化された生活を提供するペリヴォラキは，組織そのものの発展と活動に関するプログラムを作成し，毎年，それぞれの子どもの進展を評価している。このことは,以下のようなメッセージを親に与えることになる。つまり，サイコティクな子どもに対してセラピーを実施することは意味があり，それは，さらなる進展という計画目標があるので，他の人々（専門家スタッフ）にとっても有効かもしれないということである。子どもの進展によって，そのような計画目標は常に修正され，親とのセッションの中での話し合いの中心点となる。その結果，親は精神的にも情緒的にもこの計画目標に向けて努力するのである。

そのような計画目標を立てるときには，非常に基本的な土台がある。つまり,「ボディ－イメージ」である。サイコティックな子どもは，親や専門家に対して，行動を通じて断片化した方法で自分自身を表現する。しかし，各発達段階で，子どもは親や専門家によって一つにまとめられたスキーマで描写される必要がある。このことは，サイコティックな子どもの心身の機能,つまり同年代の他の子どもたちの解剖学的・心的機能とはかなり異なる機能を明確にする説明（Alexandridis, 1990, 1997）を通して強化されうる。たとえば，私たちが自分自身や親に対して「あなたは子どもがどんな自己イメージを持っていると思いますか？」と質問してみるとしよう。ある子どもについては，その子はあらゆることを味見し経験しようとする口のようだという答えになるかもしれないし，別の子については，その子は内側に何も保持することができない管のようだという答えになるかもしれない。あるいは，また別の子については，他者に自分自身をくっつけようとすることで保護的な皮膚を求めている傷ついた肌のようだという答えになるかもしれない。子どもについてイメージすることは，自閉的な子どもにとって決定的に重要なことであり，おそらく，長年の間，親が到達することのできる最高水準の理解でもあった。サイコティックな子どもについて，中でも特に比較的充分なレベルまで言語の発達した子どもについてイメージすることは，専門家にとってはより容易なことである。なぜなら，子どもの話す言葉に基づいてイメージを作り上げることができるからである。しかしながら，親がそのような表象を作り上げることは困難である。サイコティックな子どもは，原始的でこみいってない自己愛的な空想や，同性愛あるいは近親相姦の空想によって突き動かされており，もしもそれらの空想を親に伝えたり話したりすれば，親に不安や嫌悪感を引き起こすだろう。結果的にセラピストは，そのような仮説を自分自身のためだけに解釈しなければならなくなるだろう。そして最終的には，それぞれの家族を担当している専門家チームの他のメンバーに対して，こうした子どもの空想に関するセラピストの考えを説明することになるだろう。その一方で，セラピストは親に提供できる，日常生活に関する適切な助言を見出すよう努力する必要がある。そのような助言は，解釈と同等の形をとることもある。その結果，子どもの無意識的空想はある程度満たされるだろう。たとえば，ある子どもが，強烈に繰り返し母親のお腹に自分の頭をぶつけているとしよう。そうした症候は，家族全体を困らせている。親とワークしている家族療法士は，そのことを子どものセラピストに伝えるように親に言うだろう。子どものセラピストは，それについて，攻撃的に侵入することによって子宮に戻りたい願望として子どもに解釈をするかもしれない。子どものセラピストは，クライエントとの間に守秘義務があるので，自分の考えを親に伝えることはしないだろう。しかし，セラピストが子どもとそのことについて話そうとすることで親を安心させることはできる。家族療法士は，たいていは，子どもの症候について似たような考えを持っているが，その考えについては親と話し合わないだろう。なぜなら，その考えが暴力を刺激するかもしれないからである。家族療法士は，子宮に戻りたいという子どもの願望の可能性について親と話し合うことができるだけである。また，家族療法士は，母親が子どもを妊娠したときのことや妊娠を両親がどのように話し合ったのか，そして子どもが生まれた後，両親が子どもについてどんなイメージをもったかについて子どもと話すことを親に提案するかもしれない。母親の洋服を巻きつけて遊ぶごっこ遊びを子どもと一緒に母親がしてみるよう示唆するかもしれない。それは一種の妊娠出産ごっこ遊びである。さらに，子どもが遊びを通して象徴化できるのであれば，人形ごっこを提案するかもしれない。

このように家族療法士は，一次過程から着想を得て，子どもに関係する物事を親に示唆するために二次過程を用いて定式化したことを表現する。セラピストは，親が自分自身では象徴化することができないことを親に代わって象徴化している。多くの場合，親はセラピストの考えを使用し，その結果，家族全体の機能を促進する改善へとつながる。それは，病気の子どもだけでなく，夫婦間や家族内の他の子どもたちに向けられたものでもある。もし，家族の中に幼い子どもがいれば，専門家との親ワークは，早期の予測，予防，介入の役割を担うだろう。そうして，サイコティックなきょうだいと一緒に生活するという慢性的な状態によって作り出される負担が積み重なり増加する危険は弱まる。サイコティックな子どもの年下のきょうだいたちの発達に関して親が抱くもっともな不安も小さくなる。家族は，家族の幸せと，非常にゆっくり進行している病気の子どもの病理とをある程度引き離すことができる。今という時間を，幸福と創造性を可能にする期間として活用できるようになる。精神病が象徴するものは，実際の外的現実および内的現実の否認と断片化である。そのため，過度の不安なしに今ここを生きることができ，「現時点」という概念を作る能力は，精神病を克服するために非常に重要なものであろう。

第6章

自閉症の子どもをもつ親とのワーク

ディディエ・ウゼル（*Didier Houzel*）

早期の小児自閉症に精神分析的な治療が初めて試みられて以降，長年にわたって，自閉的な子どもをもつ親たちと精神分析との間に亀裂が生じたままである。これには多くの理由があるが，主な要因はこの分野における精神分析の誤用であり，概念的および方法論的な厳密さの欠如もあると思う。親とセラピストの間に新たな性質の創造的な対話を築こうとするならば，これらについて省察することが必要だということを論じたい。精神分析は，理解と援助に力点を置いているがゆえに，脅威として経験されたり，役に立たない重荷として脇へ追いやられたりするかもしれないことは，逆説的に思える。この逆説は，私たちに多くの教訓をもたらすように思える。それは，他の理論的もしくは技法的な「つまずきの石」が，私たちの現在の知識の未開拓の分野を示し，新たな発展に一石を投じるかもしれないのと同様である。

私は，ここ30年間における早期の小児自閉症の状況は，前世紀の終わりにヒステリーと成人一般の神経症に関して医学が気づいた状態と，ある程度までは比較できると考える。当時，神経学は神経回路の系統的な研究と中枢神経システムの解剖学に，より完璧に精通することに力点を置いていたが，ある謎に直面していた。つまり，ヒステリー転換の症候である。神経損傷と末梢の徴候とを解剖的，機能的に配置していくことによって，脳の損傷は観察された症候を説明できたが，ヒステリーの症候は理解可能な組織化のようなものにつながることがなかった。それゆえに，ヒステリーはその当時の診療医にとっては，まさに“さっぱり理解できない”難問であった。そしてその結果，分類できないやっかいな患者たちに対してすぐにいら立つようになった。その時から，身体医学とヒステリーに苦しむ患者との永続的な絶縁 divorce のようなものが続いている。

これは，フロイトが出発点になった（Freud, 1895d）。フロイトがヒステリーの理解，そして神経症全体の理解において成した決定的な進展は，次の事実によるものである。それは，知覚運動のあらゆる機能障害は，神経中枢もしくは神経回路のコントロールの損傷によって説明ができるという，確立された考えから離れることができたということである。フロイトはそのあとすぐに，説明ではないとすれば，**意味**を発見することになった。つまり，転換症状は，個人の過去，特にその人の人生最初の数年間の身近な人たちの中の重要な他者との意識的，さらには無意識的な関係性による，つまりその人の早期幼児期と関係があるということだ。フロイトにとっては，もし神経学的な症候が，神経システムの解剖学的なものと機能的なものの統合の障害に由来しているならば，神経症状はビオン（Bion, 1961）が「理解しやすい研究領域 an intelligible field of study」と呼んだものを参照しなければならなかった。それは，その個人と彼を取り巻く身近な人たちとの間に築かれた無意識的な関係性である。症状の意味は，もはや個人そのものの中ではなく，個人と対象との間で発展した関係性の中で発見される必要があった。

これは精神分析家にとっての出発点であり，小児自閉症や早期幼児期の精神病理学についての探索が始められた。精神分析家たちは，**必要な変更を加えて**，自分たちは19世紀の神経学者と似ている立場にいることに気づいた。つまり，ある種の障害には役立つ理論的なモデルや研究技法があっても，これらが他のタイプの病理に利用されるとき，効果的でないだけでなく，時に有害であるということが判明した。過去を振り返ってみると，この理由はとてもはっきりしているように思える。つまり，子どもの精神病理学の精神分析的探求は，特に子どもの親のように子どもの現実生活の中にいる人々と，その子の内的世界の中の人々との間の混乱を，多くの人たちの心に引き起こした。自閉的な子どもたちはかなりの不安に苦しみ，内的な安全感のような感覚をもつことが非常に困難であるということが見出されたが，実践者の中には，子どもの親たちがそうした不安の源や困難さの原因になっていると非難するものがいた。

忘れてならないのは，カナーは精神分析家ではなかったが，小児自閉症に関する影響力の大きい論文で，結論として，彼が出会った自閉的な子どもたちの親をかなり傷つけるような記述をしたことである。そして，子どもの精神状態の発達における親の責任に関しては曖昧なままであった。

> 集団全体において，心温かい父親や母親はとても少なかった。多くの場合，両親や祖父母や傍系親族は，科学的なことや文学，芸術的な本質への没頭に強く心奪われている人であり，人に対する真の関心は限られている人たちであった。結婚生活がとてもうまくいっている者たちのうち何人かでさえ，結婚はいくぶん冷たくて形式的な出来事であった。３組の結婚生活は惨憺たるものだった。子どもの状態にこの事実が関係しているのかどうか，またどの程度関係しているのかという問いが生じる（Kanner, 1943, p.42）。

この一節は，障害の治療に対してと同様に，小児自閉症の歴史と理解に対して深刻な影響を与えてきた。しかし，カナー自身は即座に，親の責任についての自分の判断を相殺して，その影響の大きさを弱めようと試みた。「そうした子どもたちは，人生の始まりからひとりでいるのを好むため，私たちの患者と親との早期の関係性のタイプからのみ，全体像ができていると考えるのは難しい（p.42）。」同じ論文の少し後では，書いたばかりのことと矛盾しているが，カナーが記述しているその症候群は，生来的な病因論によるかもしれないと述べている。

> 私たちは，これらの子どもたちは，生来的に身体的，あるいは知的なハンディキャップをもって生まれてくる他の子どもたちとまったく同じように，生物学的に備わっている，人との情緒的なやりとりを普通に行うことが生来的にできない状態で生まれてきている，ということを想定しなければならない（pp.42-43）。

自閉的な子どもは生来的な障害をもっており，それゆえに，行動，奇妙なやり取りやコミュニケーション，時に引きこもってしまうこと，時に爆発的な情緒的反応をすることには意味は見出されないということである。カナーの論文を注意深く吟味すると，彼は驚きとして結論を記述しているにすぎないことが明らかになる。カナーの文章の全体は厳密で明確であり，親についての判断も，生物学的な仮説も，彼が推断した発言ではあるが，臨床的な記述の一つのモデルであり，臨床的および方法論的な根拠はない。カナーは，その当時の慣習にしたがっているだけのような印象である。当時，精神病理学に関する論文は，仮説もしくは病因学に関する確言で終えることが必要だった。カナーは，自分の論文が生物学的にも心因論的にも多くの憶測を触発したことに気づき，より慎重な立場をとるようになった。カナーは，母親たちが子どもの精神病理学的な障害の原因であるという非難に対して母親たちを常に守ってきたと主張したが，それは無駄であった。カナーが1943年の論文で述べたことは，精神科医が自閉症の子どもの親に対して抱くイメージと堅固に結びついたままだった。それは，私がすでに述べたように，カナーが自分の主張を支持する直接の証拠を提示しなかったにもかかわらずである。

精神分析の役割という点に戻ろう。多くの精神分析家が次のことを十分には理解してこなかったということが認知されなければならない。それは，精神分析家が患者と他の人々との間の病原性的な関係性について説明したとしても，それは空想の関係性であり，患者の生育歴に正確に基づくものではなく，内的な世界に属する「登場人物」で，外側の現実に属してはないということである。こうした誤解の結果，しばしば子どもの精神分析は，子どもの反応性で外傷に基づく子どもの精神病理学モデル以上のものではなかった。これは再び逆説的である。というのは，フロイトは反応性モデルには見られないような，心因論的モデルを構築するために理論的に多大な努力をしたからである。ある既知の出来事が異常な心的反応をかき立てるということは，自明の理である。つまり，ある実在のトラウマ（私はここでは子どもの性的虐待，身体的虐待，ネグレクトといったことを具体的に考えている）が，パーソナリティ障害や情緒的な障害を生じさせるかもしれないということは，精神分析が存在する前にもよく認められていた。そして，不幸なことに，それは今日においても，先進国においてさえも真のままである。しかし，その全体の肝心なところは，フロイトのモデルは，このような病因については直接何も言及をしていないということである。フロイトが論証したことは次の通りである。個人の，それもとりわけ心の発達が組織化される子ども時代には，その外的環境がどうであれ，精神病理学的な行き詰まりを生じさせるようなある種の葛藤や苦痛は存在するのである。それは，まさに発達を支配する内的な力動が働くためである。トラウマ的な人生の出来事は，そのような身動きがとれない状態をより助長するかもしれないが，心の障害の病因学的な基礎とは考えられていない。この理論を主張する中で，フロイトはフランスの哲学者ガストン・バシュラール（Gaston Bachelard）が「認識論的断絶 epistemological fracture」（Bachelard, 1972）と呼んだものを創造した。

この時から，すべては変わってしまった。それ以降，精神病理学は新しい視点で見られるようになり，従来とは別の論理や別の因果関係に基づき，別の舞台で演じられるものとなったのである。実際，もはや症候の病因を発見することは問題ではなくなり，その意味を発見することが重要となっている。言い換えるなら，どこから来たのかではなく，それらはどこへとつながっているのか，である。そこにある問題は，古代ギリシャからの哲学者たちにはよく知られていることだった。彼らはさまざまな種類の因果関係について論じてきた。たとえば，アリストテレスは，動力因と目的因とを区別した。そして，この区分はスコラ哲学の理論家たちによって採用された。動力因は，観察された現象に契機を知らせるようなもので，前件[注26]としてそれを始める。自然科学は，動力因と関わる。たとえば，医学においては，それは病因学概念の中核にある。目的因は，観察された現象が向かうもの，すなわち「sense」（意味／方向[注27]）に向かうということを示す。私は，この言葉は，意味という考えと方向という考えの両方を伴っていることを強調したい。精神分析は，動力因や病因学ではなく，目的因や意味を扱わなければならない。

フロイトがまだ大学生だったとき，この種の哲学的推論を偉大なアリストテレス学派の哲学者フランツ・ブレンターノ（Franz Brentano）から紹介されたということは，よく知られている。フロイトはブレンターノの講義をウィーンで受けた。ブレンターノは，志向性の哲学を教えた。それは，現実世界における対象と心的な現象の区別を明確にしている。ブレンターノ（1874）によると，心的現象と物理的（身体的）現象を区別するものは，デカルトが主張したように実質の相違ではなくて，志向の相違である。つまり，物理的（身体的）現象は動力因に関係し，心的な現象は目的因に関係する。ここではあまりにも複雑すぎるので立ち入らないが，ある理由のために，ブレンターノは無意識という仮説については切り捨てた。フロイトが理論的記述の中でブレンターノについて明示していないのは，おそらくそのためだろう。しかしながら，フロイトが志向性の考えを採用したことは，かなりはっきりしている。もっとも，フロイトは意識的な心的現象だけではなく，無意識的な心的現象にもそれを適用するのであるが。フロイト学派の無意識は，意識的な領域の外側にある思考プロセスに向かうものとして定義されるだろう。ブレンターノの言う志向は，フロイトの「備給」（Besetzung）になった。それは，無意識の志向性として定義されるだろう。

これらの考えを念頭において，自閉的な子どもを持つ親との心理療法士のワークには何が関係するのか，今から探索していこう。つまり，それは，子

注26）訳者注：仮言的判断の条件を表す部分。

注27）訳者注：senseには意味の他に，ベクトルの方向の意味がある。

どもの症状の意味について親たちが深く考えられるように導くことと，意味を探索するのを手助けすることにある。これは，非難したり罪悪感を抱かせたりすることとは何の関係もない。実際に，この困難な道に親を導くことに成功するには，私たちは次のことを心の底から確信せねばならない。それは，いかに子どもの障害が重篤であろうと，いかに子どもと身近な人との関係性が機能不全に陥っていようと，家族は子どもの障害の原因ではないということである。最終的には，病因学の心因論学的モデルを自然と捨てることになるだろう。基本原理に基づいて，セラピストの親とのワークについていくつかの側面を検討するつもりだ。それは，治療同盟，子どもの情緒的な表現を読み解いていくこと，子どもの成長のアセスメント，親の**逆説的な抑うつ**と私が呼ぶことにするものをワーキングスルーすること，である。

治療同盟

治療同盟の概念は，1956年にゼッツェル（E. Zetzel）によって定式化された。それは，患者の転移のある部分は防衛的な妥協として使われるのではなく，真の分析的ワークに段階的に入っていくのをサポートするために使われるということを明示している。それは，再び1967年にグリーンソン（R. R. Greenson）によって，**作業同盟** working alliance という名のもとに取り上げられた。これらの概念を定義することが必要であると考えた精神分析家たちは，成人患者の分析を行っていた。他のところでも提案したが（Houzel, 1986），この概念は子どもの分析にも広げられるべきであり，子どもの親たちも含めるべきである。その論文では，治療同盟を新しい種類の経験に入っていくことに同意することとして定義した。新しい経験とは，情緒的，空想的，そして象徴的な見方を伴うものであり，それゆえに，自分たちの習慣的なやり方とは異なる別の方法での心の動きを，それとなく気づくことができるようになることである。またそれは，症状や心的な痛みの意味を理解したいという希望と同様に，わかるようになるかもしれないという可能性も含んでいる。

自閉的な子ども自身との治療同盟について，ここでは詳細に論じるつもりはない。それには，概して，自閉的な子どもははっきりした方法で同意を示すことができないことに関連した明らかに特殊な問題がある。それゆえ，子どもの親との治療同盟に集中したい。

同盟は予備面接の間に築かれる。少なくともそのうちの何回かは，子どもと一緒に親に会うべきだと私は思う。その面接の中で，コンサルタントもしくは心理療法士は親のナルシシズムに十分敬意を表して，子どもの自閉的な表現が意味しているかもしれないことを強調するように試みなければならない。私の意味することを示す例を挙げる。

これは，自閉的な2歳の女の子「エイリン」との2度目のコンサルテーションである。私は，両親と一緒に一度エイリンに会っていた。2回目のとき，待合室へ迎えに行くと，エイリンはリラックスしており，私が誰だかわかっていることをはっきりと示しているように見える（母親の膝に座り，まるで私に抱きとめてもらおうとするかのように私に向かって身を傾けた）。その瞬間，エイリンは少なくとも自閉的には見えない。しかし，私たちが面接室へ入って間もなく，エイリンはとても自閉的なやり方で，顔の前で片手をゆらゆらと動かし，それをじっと見つめることに没頭する。その時，私は前回とまったく同じ状況に私たちがいるわけではないということに気づく。この時，エイリンの父親はその場にいない。父親はコンサルテーションに一人だけ別にやって来ていて，遅れており，父親なしで面接を始めたのだった。私は起きていることについて，こうした流れに沿って言及する。つまり，私はエイリンと母親に向かって，エイリンは私に再び会えたのを喜んでいることは疑いないけれど，父親なしに私たちが一緒にいて，エイリンは動揺していると話す。それから数分後に父親が到着し，父親が部屋に入ってくるとすぐに，エイリンは自分の手を見つめることをやめて，父親に向かって手を伸ばす。

このかなりはっきりしている例によって，予備面接でなされる種類のワークで，両親が自分たちの子どもの自閉的な症候は，関係を表す意味を欠いているのではないこと，またそれゆえに心理療法的なワークに価値があるということに気づけるように手助けしているところが描写されている。それによって両親がもつごく自然な関心を満足させ，子どものために計画されている心理療法がどんなものを含んでいるのかを説明できることになる。私はたいていの場合，親たちに次のように言う。心理療法は本質的に，子どもが少しずつ自分の心の一番奥の気持ちを理解することができるように助け，他の人たちも子どもを理解したり，共有したり，コミュニケーションをとったりすることができるということを子どもに示すのを助ける。さらに心理療法は，障壁となっていることを乗り越えて，子どもが成長することを助けるかもしれない。なぜなら，ひとたび物事についてコミュニケートがなされれば，それらが組織化を破壊したり苦悩を引き起こしたりする力は失われるからである。

私が先に示したように，解釈や解説を通じて理解しようとする試みに親自身も立ち会って初めて，親との真の治療同盟は成立するだろう。もちろん，セラピーが進展する中で親の抵抗がまったく表明されないことを意味するわけではない。子どもがセラピーの中で進歩を遂げるにつれて，定期的なアセスメント面接によって，治療同盟はいっそう強められる必要がある。それにもかかわらず，親との最初の同盟は参照基準としての役目をもつため，その重要性を私は特に強調する。それは，この先の道のりがあまりにも長く見えるときや，成果があまりにもはっきりしないとき，そして心配や落胆，抑うつの影が見えるときはいつでも大いに役立つことが証明されるだろう。

子どもの情緒的な表現を読み解くこと

自閉的な子どもは情緒的な表現をしたり，他者と共感したりできないといわれる仮説を，私は支持していない。この仮説はレスリーとフリス（Leslie

& Frith, 1988）によって提案されたモデルの一部を構成しており，心の理論の概念に基づいている。自閉的な子どもたちがなぜ身近な周囲の人たちと理解し合うことができないのかを説明すると主張しているこのモデルによると，そうした子どもたちは心の理論を持っていない。つまり，他者が感じていること，想像していること，望んでいること，考えていることについて，何も思い描くことができないということだ。多くの認知研究がこの仮説を裏付けているが，知見は二通りに解釈ができそうである。まず一つ目は，レスリーとフリスのものだが，病因論的な含みを主張している。それは，自閉的な子どもは，心の理論を発達させるのに必要な神経学的装備に生来的な不足があるということである。二つ目の可能な解釈には，防衛的な意味が含まれている。それは，対人関係において，自閉的な子どもは圧倒されるような心の組織化の崩壊に脅威を感じているので，唯一の逃げ道は，そのような間主観的なコミュニケーションを全て避けることだと思っているということだ。それゆえに，心的なやり取りから撤退し，アイコンタクトを避け，言語だけでなく感情や非言語的なコミュニケーションの意味をつかむことも含むコミュニケーションスキルが発達しないということである。心の理論がないことは，このような強制された回避行動の結果のように思われる。それゆえに，それらは心的な崩壊や不安に対する防衛メカニズムとして考えることができる。

この二つ目の観点によって，自閉的な子どもたちの情緒的な現れを理解することがより容易になる。それらは謎めいているかもしれないが，激しいものであったり，時には暴力的であったりする。これは，生来的な欠損理論によって示唆された情緒的な反応がないということとはかなり異なる。自閉的な子どもたちは自分たち自身の感情と苦闘することに陥っているように見える。回避行動は，ある感情を引き起こすかもしれない状況を避けるための方略として説明され得る。そうした方略は，同一性保持に対する関心と同じ流れにあり，それはカナー（Kanner, 1943）が強調したことである。もし何事も変化せず，すべての出会いを避け，歴史もなく，パートナーもおらず，コミュニケーションのない世界に住んでいるとすると，すべての内的動きを抑制する機会は最大となる。私たちの情緒は，表現を得ようとする中で，心をある目標に向けて，個人的な出会いに向けて，新しく探索できたり理解できたりする何かに向かって動くのである。

情緒を回避する理由は，依然として議論されている。私の考えでは，自閉的な子どもの情緒は，ないとか，ないに等しいとかということでは決してなく，非常に強いので，それをどのように抑えればよいのか，自分の身近な周囲の人たちが理解できて共有できるやり方でどのようにまとめればよいのかがわからないのである。自閉的な子どもの情緒は，瞬間的でコントロールできない洪水として生じるのだ。外面的には，これは二通りに立証される。その一つは，ステレオタイプ運動の動きの噴出であり，圧倒されそうだと感じている何かに対して，コントロールを取り戻そうとする必死の試みを通してである。もしくは，不安の混じった暴力的な怒りの爆発を通してであるが，その爆発は外的な状況とは不釣り合いに見えるために，子どもも家族も当惑する。

私は，その子どもが感じている気持ちを解読しようと試みたり，子どもとその気持ちについて，子どもが理解できる簡単な言い方や言葉で話し合ってみたりするために，このような外的なサインをつかむことは非常に重要だと考えている。それによって，人間のコミュニケーションに参加するよう子どもに促すことになる。とりわけ，心の状態の経験を共有することは，コミュニケーションの基本である。通常，気持ちでいっぱいになっていることに気づくと子どもは誰でも，自分の周りにいる人とそれをすぐに共有する必要がある。たとえば，子どもは自分の悲しみや喜びを母親と共有するために，母親に駆け寄っていく。話すことを学ぶやいなや，情報を交換するためだけではなく，自分の心の状態を伝えたり，説明したり，共有したりするために，言語を使うのである。徐々にではあるが，言語はより客観的な方法で情報を伝達する手段になっていく。しかしその時でさえも，完全にはそうならないこともある。何よりもまず話すことを覚える子どもの動機は，自分自身の心の状態や他の人の心の状態を対人関係コミュニケーションを通して共有したり探索したりできるようになるという事実にある。自閉的な子どもがうまく対処できないのはこのことであり，これが援助を必要とする理由であり，こうしたことに気づくようにするのである。

こうした中では，親にも共同セラピストの役割を担ってもらう。親は，毎日あらゆる状況で子どもの反応を目撃している。子どもの心の状態がどのような合図で伝えられるのか，つまり，リラックスしている，心配している，怒っているなどを，どのように示すのかを正確に知っている。親はこうした合図をより正確に理解したり言葉にしたりするために，コンサルタントの助けを必要としているかもしれない。私が述べたいことの短い事例を示そう。

「アラン」は9歳で，週4回の精神分析的心理療法をすでに5年間受け続けてきていた。アランは，分析を始めたときには重度の自閉症だったが，かなりの進展を遂げていた。会話は正常であり，保育園に通っていたし，一つの学年を繰り返さなければならなかったが，今は小学校に通っている。しかしながら，実際の状況での人間関係に，まだあまり耐えられないという問題を抱えていて，彼はこうした事項に関連するテーマを繰り返し話すのでわかりにくいこともよくある。アランはメルツァーが「ポスト自閉症状態 post-autistic states」（Meltzer et al., 1975）と名付けたものを示すよい例である。

ある日，アランの母親は，クラスであるショーを見に行くのに同伴する予定だった他の母親の代役を務めることにすぐに同意した。アランは，ショーの間ずっと，とてもうろたえていて，混乱していた。アランは，いろいろな演技を見ずに，床に寝そべってカーペットから綿ぼこりをつまみだしていた。劇が終わった時に，母親はアランにやや非難めいたトーンで，がっかりしたことを表現するようなことを言った。母親はついて行ったことをアランが喜ぶだろうと期待していたのだった。アランは，どれも好きではなかったし，すべて退屈だったし，家に帰るのに乗るバスがとても遅れたなどと言い，非常に抑うつ的な声で答えたのだった。母親と後に話し合った中で，アランは直前の変更に対してまったく準備ができていなかったし，母親がついてくるとも思ってもなかったという事実を私は強調した。おそらく，こうしたことにアランは情緒的に圧倒されてしまい，それを表現できる唯一の方法が，ショーの間，混乱したような行動をとることだったのだろう。そして，抑うつ的になり，母親がこのことについて話したときに，気の滅入るような返答をすることだったのだろう。アランにとっては，否定的なものだけではなく，すべての情緒が圧倒されるようなものであることを母親が理解できるよう手伝うことで，私は，お出かけをすることで子どもを喜ばせたいという母親の希望をサポートすることができた。

子どもがコミュニケーションの世界に入っていけるように手助けしようとするならば，その子どもの気持ちを予想しなければならない。子どもは最初の動きを起こすことができない。というのも，子どもは最初の動きがあるということがわからないからだ。たぶん自分にとっては意味がないという心の状態に捕らわれていると感じているのだろう。つまり自分の心の状態をなんと呼ぶのかさえも知らないし，他の人たちがそれらを理解できるということにも気づいていない。こうしたことの解読には直観が含まれていて，私はこの点で，いつも親の直観を奨励するようにしている。親は，たいてい自分の子どもが感じていることや表現していることを想像する自分の能力にあまり自信を持っていない。それゆえ，直観を使うことに二の足を踏む。私たちは，私たち自身もこの領域においては不確かであることを親と共有すべきであると思う。同様に，間違っていたとしても，最も重要なことは，心の状態について子どもが私たちに伝えていることを読み解き，それを子どもに提示することであるという私たちの信念を共有すべきだと思う。これは，ビオン（Bion, 1962a）が「母親の夢想能力」とか「α 機能」と呼んだ，基本的な親機能である。

私は，こうした側面における，かなり重要なレベルの協力や援助を親たちに提供するために，アウトリーチの治療技法を考案した。それはエスター・ビックの乳幼児観察技法の治療的な応用である。セラピストは週に１回か２回，１時間，家族の住む家を訪問する。そのアプローチは，乳幼児観察者のアプローチに似ている。つまり，子どもや家族から観察者に伝わってくる意識的，無意識的なメッセージに対して注意深さや受容性を示すのである。毎回のセッションのあとに，その観察者が思い出せるすべてのことを詳細に記録し，これらの記録はその後，私が参加しているワークショップミーティングで週ごとに数回議論される。この治療的な方法は，３歳になる前に自閉症と診断されたような幼い自閉症の子どもに特に適していて，親が子どもの心の成長に寄り添ったり，子どもの心の状態についてわかろうとするワークにおいて，精神的なサポートを親に提供する。私の考えでは，自閉的なプロセスは親の注意深さに対して強力な攻撃を与えるので，この領域，とりわけ子どもの情緒的な表現を読み解くことに関係する領域では，親が十分に能力を回復できるような援助が必要である。

子どもの成長についてのアセスメント

セラピストが親に提供する援助と，親が子どもに行う手助けとの間にはある程度の相互関係がある。当然のことではあるが，ここで大事なのは，役割の混乱を避けることである。定期的な合同のアセスメント面接は，それぞれのやり方で，全員が同じ方向を向いていることや，その方向が正しいものであるということを確実にするために必要である。これらのアセスメント面接は，相互のサポートのためにも欠くことができない。もう１つの目的は，その先にあるワークを検討することと，必要に応じて使われる新しい評価基準を話し合うことである。それは治療そのものに関するものでもあるし，その子どもを助ける他の種類の援助（たとえば，教育的なケアや，日々のケア）に関するものでもある。

親が出会う困難の１つに，子どもの成長を査定する適切な判定基準をどのようにして決めればよいのかということがある。この分野に関して，私自身の経験を描いてみたい。初め，たいてい親はまったく進歩がないと言う。「子どもは前とまったく同じで，もしかしたら，悪くさえなっているかもしれない！」と言う。それから，変化，あるいは改善したと感じることについて述べる。結果としては，実際に親が観察した変化について1時間ほど話し合ったあと，本当に意味ある成長を示しているという話になる。最初の失望した評価と，最後の非常に肯定的な結果とが非常に対照的なのはなぜだろうか？私は，問題は，適切な評価基準を選ぶことが一つにはあると思う。もし評価が標準発達の評価基準に基づいてなされるとすれば，たとえば子どもの会話は十分には改善してないとか，学習能力はまだかなり制限されたままであるなど，落胆するのは無理もないことである。一方で，実際に起きていることは，子どもとの接触やコミュニケーションはより良くなっており，子どもの気持ちを同定しやすくなっていて，ときどき穏やかで，思慮深く見えるときがあり，初歩的なごっこ遊びさえもするということである。親は（そして，のちには，教師たちは）自分の評価基準を変化させ，標準発達からではなく，コミュニケーションや心的機能の改善の兆しへと視点を移すように援助される必要がある。

評価基準を変えることが重要であるのには，2つの主な理由がある。1つは，自閉症ゆえに発達の多くの領域において何年か遅れている子どもに，確立された基準に徐々に近づくことを期待することは，かなり非現実的である。現実の結果は，まったく絶望して落ち込むだけにすぎないだろう。親の期待は，かなり当然のことである。親は，子どもの生活年齢や認知能力と振る舞いとの間の隔たりをなくすことができるのではないかと考えることになる。こうした子どもたちはたいてい身体的には健康であるために，そのような不一致があることに明確な理由がないのでなおさらである。発達に関して，ほとんどの評価基準では無視されてはいるが，真に価値をもつ発達の側面，つまり間主観的コミュニケーションや心の内側の成長に非常に重要な意味をもつ側面を認識するように親は援助されるべきである。これは，親と同様にセラピストがなす努力をサポートする際に，きわめて重要なステップである。いくつかの発達段階が達成され，事が適切な方向へと進んでいることがときどき確認されなければ，時間がかかって，精神的に根気が必要で，骨の折れる冒険，つまり，自閉的な子どものセラピーを引き受けることはできない。

評価基準を修正する二つ目の理由は，自閉的な子どもは，周りの大人たちが自分に対して抱いていると感じる期待に非常に敏感だということである。改善や成果や達成が得られることを大人たちが期待していると子どもが感じれば感じるほど，それに応えるのは難しくなる。もし期待があまりにも大きく，あまりにも厳しいと，望んでいるのとは逆の効果を生み出し，成長を促進するよりもむしろ止めてしまう。子どもは，まるで自分の肩に期待のすべてが乗っているかのように感じて，その結果，不安や制止が増してしまう。これは，親とセラピストが対処しなければならない非常に困難なことの一つである。子どもが成長するよう期待する，改善に向けて子どもを促す，子どもが成長できるように自分たちの力でできることをなんでもする，しかし，それは同時に，すぐに評価できる形で期待したり，客観的な評価が可能になるような成長を期待したりすることではない。自閉的な子どもは，物事を学ぶのに，直接にではなくむしろ遠回りのやり方で学ぶので相当な時間を費やすし，自分の達成を本筋から外れた形で示す。また，それはたいてい私たちがほとんど期待していないときに表すのである。

親の逆説的な抑うつをワークする

私が自閉的な子どもの親とのワークから得た驚くべき発見のうちの1つは，ちょうど心理療法過程が実を結び，結果を生み出し始めたと私には見える時に，深刻な抑うつ的反応が起こることである。この種の反応は，私が逆説的な抑うつ paradoxical depression と呼ぶものである。私の経験では，それは主に母親に生じるが，時に父親もそれに悩まされる。その状況はたいてい次のように起こる。子どものセラピストとして，私は子どもが進歩している様子に喜んでいる。子どもはより通じ合えるようになっていて，本当に自分の心で物事を理解し始めているように見える。それにもかかわらず，まったく期待に反して，親は，状況は今までよりも悪くなっていて，子どもはとても難しくてこれ以上は何も獲得することができないと不満を述べる。親は完全な失望の一歩手前にいるように見える。私が最初にこの種の親の抑うつ的な反応に直面したとき，理解しがたく感じた。その状況について努力して考えなければならず，次のような仮説に辿り着いた。親が自分の子どもの心的な生活がいかに進歩してきたのかに気づくと，親はしばしば驚くほど正確にこれらの発達を描写することができる。親はまた，いかに大きな課題が前方にあるのかということも分かるようになり，その見通しに圧倒されるように感じる。変化は生じるものの，それはとてもゆっくりであり，子どもがさらに成長するように助けようとするならば，親は一生懸命取り組まねばならず，忍耐も必要になる。自分たちは十分なエネルギーがあるだろうか？ その課題をやりこなせるだろうか？ 治療チームは，自分たちがまだ道半ばであるときに，手を引いたりしないと確信できるだろうか？

この抑うつ的な反応は，似たようなテーマを持っている産後うつの母親が復活したように見えることがある。抑うつ的な母親は，おそらく，母親としてのスキルに関して不適格だと感じたり，周囲から十分にサポートされていないと感じたりしているために，この先にある課題に取り組むことができないと感じる。ここで明確にしなければならないのは，母親の機能不全を非難することはあってはならないということだ。そのような環境下では，それは理不尽であるだけでなく，根拠がないことである。一般的に，母親はすでに自分自身の能力にまったくと言っていいほど自信がない。母親のスキルに疑いを投げかけるよりもむしろ，母親としてのスキルを奨励し，支持する方がずっとよいだろう。もし私たちが非難する役割を取れば，それとは気づかずに，私たちがしていることすべてが，一種の万能的な母親的な超自我のような内的な像にとって代わるだろう。そして，それは，母親のやり方で子育てをしていくやり方を妨げる。私たちがそれを避けずに罠にかかってしまうのは，そういうときである。とりわけ私たちがしなければならないことは，そういった落とし穴にはまるのを未然に防ぐために，不適格とされた母親，不適格だとみなしている像についての投影を理解し，ワークスルーすることである。逆説的な抑うつという局面は，母親が，時には両親がセラピストに投影してくるものをワークスルーしていくためには，とりわけ適している。

逆説的な抑うつに直面した時，私はその親に次のように言うことによって，それを解釈する。「自分の子どもが成長したという事実を認めることができるけれども，たぶん全体のプロセスはとてもゆっくりで，どんな前進もとてもわずかだと思うのでしょう。子どもができるだけ発達するように援助しようとすると，先に待ち構える課題の大きさがわかるのでしょう。こうしたことすべてにあなたは圧倒され，課題をやり遂げる能力に疑いを抱くのでしょう」。私は，親が信頼を寄せている治療チーム全体は裏切らず，治療を受けている間はずっと寄り添っていくということを付け加える。こうした状況では，親が遠い将来に対する恐れについて話すことは，かなりよくあることである。「1年後，今から2年後，あなたがもはやここにはいなくなった時，もしくは私がこのあたりにいなくなった時，どうなるのでしょう？」。私の経験では，親の逆説的な抑うつは，セラピストを含め，子どもに関わっている専門家たちの間にも広がっていくことがある。これによって，治療が時期尚早に，あるいは折り悪く中断に至ってしまうこともある。子どもや親が持ちこたえるのは，とりわけ難しいのである。

親との面接

自閉的な子どもの親とのワークには，適切な設定が必要である。私は月1回，毎回1時間の面接を提案する。子どもが初めて治療にやってきたとき，個人心理療法を始める前に，親子同室での合同の話し合いを提案する。これはまさに，予備的面接となり，治療同盟へとつながっていくものである。一旦子どもの個人心理療法が始まったら，親だけが私と会うことを提案する。

その子どものコンサルタントとして，あまりにも多くの面接を行うことは適切ではないと感じるし，子どもが自分のセラピストとの間にもつ転移関係を妨害するリスクがあるからである。

親との話し合いは，指導的なものではない。私は親に，自分の子どもについて話したいことは何でも私に話すことを勧める。親がそうしたいと思うなら，夫婦として抱えている諸問題も含んだ，より個人的な問題についても話すかもしれない。しかしながら，こうした面接で扱うことと，扱わないことについて，かなり明確にしておくことはとても重要である。ある特定の問題やその他のことを抱える大人としての親との治療的話し合いはしないし，親の心理療法と同じようなものになってもいけない。もしこうした種類の支援が思い描かれているとすれば，明確な要求があり次第，親はその子どもとワークをしているチームとはまったくかかわりのないセラピストに紹介されなければならない。親は患者として扱われることを望んでいないのに，そうされていることに，不本意ながら，気づくことはとてもよくあることである。このような状況は，偽りの同盟から生じる。偽りの同盟は，子どもには何もよいことがなく，親の課題を実行していく親の能力を妨げさえするかもしれない。

1970年代初めに，幼い自閉的な子どもやサイコティックな子どもとワークを始めたとき，私は古い時代から受け継いできたモデルを心の中にもっていた。それは，その子どもの精神病理は，両親のうちのどちらかのパーソナリティ障害もしくは親の機能不全の影響を必然的に受けているに違いないということである。それゆえ，当然，親の欠損や葛藤は，親の回想から調査されるだろうということだった。私はこうした筋に沿って親との話し合いをしてみたが，とてもがっかりしたことには，意味のあることはほとんど（もしくは，まったくとさえ言える）得られなかった。この章の初めで，私がこの偽りの病因学的な道からどのように離れたのかを説明した。次第に，それはほとんど当を得ていないことであると気づいていった。しかしながら，いったん病因学のどんな見せかけも脇に置くとしても，子どもの背景や生育歴，子どもと親との間にある関係性のタイプや，その子の人生におけるいろいろな時期の想起などを探索することは，いまなお役に立つと私は強く思っている。これらは，コンサルタントや心理療法士の理解を深め，親が子どもの困難さについていくらか洞察を得ることを助けるだろう。つまり，自閉的な子どもの親に関する状況や事柄はたいていの場合，かなり複雑である。

あまりにも集中的に系統立てて，親が子どもと共有している過去の歴史を探索し過ぎると，耐えることができないし，子どもの発達の言及がほとんどなされない。これは，この種の探索は不可能で，役に立たないということを言っているのではないが，区別してなされなければならない。私たちは，子どもや家族の日常生活や，子育ての中で経験する困難さの細かな面にも関心を示す必要がある。すべての細部にある程度意味があり，それらは，まさに考古学者が，自分が見つけた古代の陶器のすべての小さな欠片を拾い集め，あとでそれらを再結合して，もとの形に修復するのと同じようなやり方で，集められなければならない。面接が続く中で，取るに足りないように思える重ねての質問の結果として，両親のうちのどちらかが，より重要な事柄を提供するかもしれない。このようなやり方で，意味のある事柄を集めて蓄積することは，とてもゆっくりとしたプロセスで，何年もかかる。

月１回の定期的な面接を持って５年後，アランの母親はついに自身の母親の死について話すことができた。それは，母親が妊娠４カ月の時に起きたのだった。それからさらに２年後，母親はアランが生まれたときに，自分の母親が身近にいないのをどれほど寂しく思ったのか，また，義理の母親の意見は批判的であり，失格者とみなされていると感じたかについて話した。

このような事例では，スローモーションフィルムを扱っているかのようで，スピードを速めることはできない。おそらく，治療の始まりに，系統立てて情報を収集したとしても，より意味のある出来事や記憶は回避されるだろう。たとえ，アランの治療の初めに，母親の妊娠中や産後の期間の主観的な経験を詳細に調査しようと試みたとしても，おそらく何も得られなかっただろう。数年間の面接の後に，母親が私に話すことができた事柄は，母親にとっても，また子育ての経験にとっても，かなりのインパクトがあったということは疑いない。

ここで問われていることをよりよく理解するために，コンテイナーに関するビオンの業績（1962a）を参照しながら，私が**コンテイニング機能**と呼ぶことを提議しているものについて触れるのは役立つかもしれない。コンテイニング機能は2つの部分から構成されている。それは，寄せ集めて一緒にすること，安定させることである。これらそれぞれの側面は，他者との弁証法的な相互交流にある。もし，2つの要素が心の中で一緒になったとしたら，あまりにも動揺が大きいので，コンテイナーがそれらを一緒にし，そして動揺を扱うことができるようになるまで，それらは別々にしておかれるだろう。アランの母親にとっては，母親の喪失（「妊娠4カ月の時に，母親を亡くしてしまった」と私に話した），赤ちゃんの誕生，そして，敵対的で不適格であると見なされるように感じられた義理の母親の態度は，長い間，心の中で一緒にされるのは不可能なままだった。それは，心が耐え難いほどにかき乱され，混乱を引き起こしてしまうためだった。定期的な面接が与えたコンテイニング機能と，アランの両親が話すどんなことにも私が熱心に耳を傾けたことによって，ついに，もはや脅迫するようなやり方ではなく，それどころか，母親が初めて赤ん坊をもつという経験の意味がわかるような方法で，これらの経験を集めて一緒にすることが可能となった。これは単に過去の出来事を扱うことへの関心，あるいは理論的な関心というものではなかった。こうした想起について話したあと，アランと母親の関係は劇的に改善された。

私が記述したように，コンテイニング機能がたまたま弱い場合に，自閉的な子どもの生来的な欠如のすべて，あるいはいくらかが親の責任にされることがあるが，親とはまったく関係ないと私は思う。ここで確かに言えることは，背景にある歴史に関してと，特有の関係性の移り変わりについてだろう。アランの母親は特に痛ましい環境で自身の母親（母親は癌で亡くなった）を失った。まさに自分自身が初めて母親になろうとしているときに，自分の母親を亡くし，身近な人の中に代わりとなる適切なサポートを見つけることができなかった。特に義理の母親は，数人の子どものいる有能な母親として，その家族の中では絶大な信望と個人的な影響力をもつ人だった。こうしたことすべてが，つまり特殊な妊娠期間，出産，子育てといった独自の歴史の一部分なのである。誰もが小児自閉症のリスクを作る責任があるとすれば，私たち皆，親や傍系親族や専門家は，人生における，そのようなデリケートで重要なときには,母親たちに対して注意深く援助を行う義務がある。そして，乳児の身体的誕生に備えるのと同じように注意深く養育的なやり方で，乳児の心理的誕生にも備えることが必要である。特にカナーによって主張されてきたこととは逆であり，自閉的な子どもの母親が，拒絶的で，愛情のない，情緒的に冷たくて無情であるようには，私には決して思えない。私には，母親たちは，この世に送り出したばかりの乳児を扱うのに抑制されているように思える。母親はこのすばらしい乳児をとても壊れやすいと見ていて，ぎこちなく扱ったり傷つけてしまったりするのではないかと恐れている。母親たちが，母親になっていくという経験のまさに始まりにおいて得損なっていることは，身近な人からのしっかりと安定した，心強いサポートであり，母親としてのスキルを信じるように，そして，成長への潜在能力を乳児はもっていると信じるように母親を勇気づけるサポートである。私たち,心理療法士，コンサルタント，心理療法のチームが父親とも協同しながら，可能な時はいつでもこのワークでその役割を担う。

結論

本章で述べたように，親面接の目的は限定されてはいない。両親と心理療法士がともに子どもの自閉症のケースに対処しなければならないという状況に最も適切だと思うものに，注目してきた。自閉的な子どもをもつことはとても辛い経験なので，心理療法士とコンサルタントが，親が対処しなければならないことに共感および深い敬意を示さなければならないことは当然のことである。しかしながら，関与する専門家にとって，このワークがいかに難しいのか，親が専門家を信用しているということをどれほど十分に感じなければならないかを強調したいと思う。本章の最初の段落で少し言及した対立は，私の考えでは，試行錯誤の方法の結果であり，いかなる新しい冒険的企てにおいても避けがたいものである。自閉症は，ある種の謎はまだ残っているが，もはや完全に不可解であるようには思えないため，私たちそれぞれの内部に響くものを理解するのに，より良いポジションに私たちはいる。というのは，私たちみんなが，他者性といかに調和し，親しい人たちと親密な経験をいかに共有するのかという根本的な問いに答える必要があるからである。親と専門家が自閉的な子どもに役立つために，そうした問いに一緒に取り組んでいくことは，これからの挑戦である。

第7章

親子関係の治療を通しての子ども支援：母－乳幼児心理療法のモデル

バートランド・クラメール（*Bertrand Cramer*）

子どもの支援は親支援でもあることはよく知られている。多くの臨床家が，臨床経験を通して知見を積み重ね，（アンナ・フロイト Anna Freud，フライバーグ Fraiberg，カタン Katan，ウィニコット Winnicott）独自の治療法が生み出された。家族システム療法と母子治療がそれである。それらの中でもっともよく知られているものが，マーラーの（精神病の子どもとの）三者治療 tripartite treatment であり（Mahler et. al., 1975），フライバーグの母子治療（Fraiberg, 1980）である。何人かのセラピストは，親－乳幼児治療を洗練させた。（Cramer, 1955 ; Hopkins, 1992 ; Lebovici, 1983 ; Lieberman, Weston & Pawl, 1991）。こうしたアプローチすべてに言えることであるが，治療の重要な焦点は，複雑に入り組んでいる葛藤や不安，防衛，理想，また関係性のあり方（内的なものと外在化されたものいずれも）であり，育児はその影響を受けている。育児は，親が子どもと関わる力や教育する力をどのように実際使っているのか，また親の行動の無意識にある空想や葛藤，対象関係が表現され経験されているのかを示しているのである。

育児については，いまや多くのことが知られている。育児について知るには，二つの主要な原典がある。

1. 妊娠と出産についての心理学的事項を扱っている精神分析的研究(Bibring, Dwyer, Huntington & Valenstein, 1961)。分離－個体化の過程の展開と病理に対する母親の要因（Mahler, Pine & Bergman, 1975)。早期幼児期の病理を親が助長しているという「関係性障害／relational disorders」という概念の確立（Sameroff & Emde, 1955)。子どもの自立に対する親の反応（とりわけ思春期における)。その他にも多くの関連する事柄がある。

本章で紹介する取り組みは，葛藤のある親 - 乳幼児関係に焦点を当てている。というのは，葛藤ある親子関係は乳幼児に行動的，機能的障害をもたらすからである（Cramer & Palacio-Espasa, 1993)。すべてのケースにおいて，親の投影同一化が乳幼児の表象を歪曲している。乳幼児は親に不安を喚起する存在として立ち現れ，防衛的な振る舞いを引き起こし，その結果，病理的な実演（あるいは相互作用）が表れるようになり，それが乳幼児の症状の一因となる。親自身の葛藤が子どもとの相互作用に，とりわけ育児の歪曲に影響を及ぼしていることを親に直面させるのはそう難しくはない。

治療実践の観点からは，うまくいかない育児について詳細に知ることは非常に役立つ。その原因は親自身の乳幼児的な葛藤であり，それが，多様な形態をとる病理的な育児を生じるさせることになる。技法的な観点からは，育児の病理を構成する葛藤や防衛のタイプや，それに伴う抵抗や防衛を同定しておくことも重要である。

2. 動物行動学的方法を借用した相互作用についての心理学的研究。育児行動の中には，生得的（たとえば甲高い声など）と思われるものがあり，直観的な育児（Papousek & Papousek, 1990）は，自分の子どもに向きあった際に大人が取る多くの行動を体系づけているように思われる。こうした調査研究はここでは取り扱わない。

本章では，親－乳幼児間の葛藤と，うまくいかない育児についての私たちの心理力動的な理解について述べる。またこうした親の困難さ，特に合同心理療法における技法的な扱い方も述べている。最後に，母－乳幼児心理療法において，セラピストと患者との間の相互作用のモデルに関する研究データをいくつか提供する。

治療構造

選定された患者が36カ月未満の子どもであれば，最初から親子で一緒に会うことになる。連絡を取ってきた親には，一人で来るか配偶者と来るかを選んでもらうことにしている。ジュネーブでは，やってくるのは母親であり，父親はやってこないのが一般的である。母親は，赤ちゃんとの間でどのようなことが困難かを報告し，その間，赤ちゃんは，母親の膝に抱かれているか，年齢に適したおもちゃが床に置いてあるので，それで遊んでいる。設定は最初から治療的である。生育歴の聴取や，決められた手順もない。セラピストから積極的に何かをするというよりも，母親の報告を聞いて，それを（客観的な）情報としても自由連想としても考えていく。同時に，セラピストは乳幼児を観察し，とりわけ，セラピストと乳幼児との相互作用と，母子間の相互作用を観察する。セラピストは徐々に，そこにはっきりと表れている相互作用のあり方と，母親の話を結び付けてみるのである。この両眼視的な注意が重要な技法的手法なのである。それによって，乳幼児の主だった症状を作りだしている要因をしばしば理解できるし，この理解は直面化と解釈に用いられる。

時間は母－乳幼児心理療法に重要な役割を果たす。セッションは十分な時間（45分から60分）を要する。それによって３つの展開が生じる。

- 作業同盟の構築
- まずセラピストへの陽性転移が展開する

- 母親の語りが十分に積み重なり，母－乳幼児間の意味ある相互作用が十分なものとなり，解釈の焦点を明確にできる。

セッションは週一回の頻度で行われる。セラピーの期間は病理のタイプで異なる。母親にボーダーラインや深刻なうつの病理が認められる場合には，長期の治療が必要である。一方，機能障害（主に睡眠困難）と分離の問題，いくつかの行動障害（攻撃性，多動性）を含むさまざまな事例において，短期的介入（5～10セッション）が有益であったのは驚くべきことだった。これは，120の事例研究（Robert-Tissot et al., 1996）に基づいている。当然ではあるが，この短期介入は，患者とセラピストが設定する目標にも依る。ほとんどの事例において，母親が望むのは子どもの症状に関する不安が軽減されることであり，赤ちゃんとの実りある関係を回復することである。以下では，こういった短期療法から得られた知見を記述する。これらの事例は，母親に（ボーダーラインや深刻なうつといったような）重篤な病理が認められず，乳幼児の診断が広汎性発達障害にはあてはまらない事例である。私たちのクリニックでは，月齢36カ月以下の子どもたちのうち，こういった機能障害や行動障害の事例がとても高い割合を占めている。

このような治療を短期で行うことについての理論的な説明の詳細は省くことにするが，以下の点は明言しておきたい。親とセラピストとの間で共有される明確な目標は，子どもとの関係において焦点となっている葛藤を解決することである。親のパーソナリティ全体を理解するような，体系的な精査はしない。こうしたやり方を，焦点づけられた治療 focal therapy と見なせるだろう。子育てにおける特有の失敗は葛藤に基づくものであり，不適当な組み合わせを招いている。

私たちは，治療の目的について母親と話し合う。ほとんどの事例で，親は個人心理療法をしたいとは考えていない。そうではなく，治療をやってみようと思うのは，乳幼児の主な症状を明らかにし，親－乳幼児関係において不安を喚起する状況を理解するという2つの目標を達成するためである。そういうわけで，私たちは以下のように説明する。何が症状を引き起こしているかを理解することが目的で，そのためには親のこともしっかりと考えることが必要となる，ということである。

子どもの症状と母親の訴え

コンサルテーションを受ける理由は，常に乳幼児の症状である。睡眠障害が最も多い症状である。攻撃的である，分離に耐えられない，落ち着きがない，といった行動上の問題が，二番目に多い症状である。食事の問題，泣き入りひきつけや，とても難しい葛藤的関係が主訴となることもある。

母親の訴えがどのような言葉で語られるかは，詳細に検討する必要がある。というのは，母親がある細かなことや説明を強調したり，連想したりすることで，セラピストは焦点を定めていき，それが主な質問の対象となり，洞察を導くことになるからである。

以下に母親の訴えの逐語録を提示する。そこでは，母親の予期と赤ちゃんに対する怒り，罪悪感や恥といった苦痛な感情が記述されている。通常の精神分析と同じように，母親が使う言葉に対しては繊細な注意を払っている。セラピストは，母親の赤ちゃんに対する表象，不安や抑うつ的な情緒，現在と過去の結びつきに関する無意識的背景を導き出すよう試みる。ビデオで録画することはとても助けになる。会話を文字に起こし，一連の流れを何度も振り返ることができる。一方では治療過程を，もう一方では意味のある母－乳幼児の相互作用を詳細に分析する上で助けになる。

訴えには一つかそれ以上の特徴があり，それがセラピストの理解を方向づける。もっともよくあるのは，症状に対する母親の心配である。この不安はいくつかの形を取る。乳幼児の将来を悲観している場合があるし，乳幼児に腹を立てている場合もあるし，苦痛な情緒を訴える場合もあるし，乳幼児の興味を理解できていない場合もある。以下に，こういった例を詳しく紹介する。

予期

症状はより深刻な心理的問題の予兆だと，母親は恐れるものである。もし乳幼児が反抗的なら，思春期には手がつけられなくなるだろうとか，攻撃的な場合は，暴力に発展するだろうとか，このような予期をすることになる。食事の問題は拒食と過食の前触れだとか，自己愛的な万能感は暴君みたいなわがままの前兆だなどなどである。

母親は，将来のこのような暗い見通しにすぐに向きあうとよいし，最も悲惨な結末を予期していることは，解明され，言語化されるとよいだろう。このような予期は，大人の心的機能の母親表象に関する貴重な情報を含んでいる。これは，無意識的には，母親の抑圧した願望か，母親に近い人たちの表象のどちらかに属している（母親の母親，父親，きょうだい，夫など）。

事例

「サラ」は 13 カ月児で，母親のメアリーは以下の理由で彼女を連れてきた。「この子はどんどん攻撃的になってきているんです。癇癪を起こして私をひっかいたり，噛んだり叩いたり」。メアリーは，サラがどうしてこんなことをするのかわからないし，とても心配だと語った。初回面接で開始から 6 分も経たないうちに，メアリーはサラと自身の関係，乳幼児の性格がどんな風に発達していくのかについて予期した。「私たちの関係は，力比べみたいなものなの。まるでこの子が私を試しているみたい。私たちの関係が良い風に変わってくれたら良いのだけれど。どうしようもなくなってしまうとしたら，それは絶対に嫌だわ」。メアリーはすでに，乳幼児にはっきりとした役割を担わせていた。つまり，自身の内的なものを乳幼児に負わせ，潜在的な敵にしていた。さらに，このことで二人の関係は将来的には破綻するだろうと恐れていた。この予期は詳細で，硬直的であり，その度合いは，乳幼児がまだ 13 カ月であることを考慮すると，驚くべきものである。

メアリーは次のように続けた。「帽子を落としたとき，この子のお尻を叩いておしおきしたら，私を信頼しなくなると思うの。『お母さんは酷いことをする人だ』と心の中でつぶやくでしょうね……そうすると，この子の信頼を取り戻すのは難しくなるでしょうよ」

この予期は，サドマゾ的なやり取りが必然的に発展したもので，関係の成り行きは悲惨である。

このタイプの予期は，母親の投影が乳幼児に付与されたものとして重点的に取り扱い，検討する必要がある。テーマが明確で，反復的な性質をもっていることから，サドマゾ的な空想が母親の中で働いていていることがわかる。実際に，身体的な暴力を伴うけんかを母親が自身の母親と繰り返してきたことがまもなくわかった。

そうしてセラピストは，いま現在生じている乳幼児との葛藤的な関係を，祖母とのかつてのサドマゾ的な関係と結びつけた。

子どもに対する恨み

乳幼児に対する憎しみは専門家による文献においてさえも過小評価されてきた。特筆すべき例外がウィニコット（1975）である。ほとんどの乳幼児の症状がいらだちを引き起こし，時には明らかな疲弊や絶望を引き起こす。母親の有能感は深刻なまでにむしばまれる。もっともよくみられる状況が「暴君のような赤ちゃん症候群」である。乳幼児は，完全服従することを気まぐれに要求し，要望を押しつけたがっていると経験される一方で，母親はあらゆる権利を放棄しなければならない。今どきの母親にとても多い不満は，乳幼児が母親の個人的な成長を妨害しているという非難である。特に職業的な達成という領域において，そうである。

事例

「デリア」は生後14カ月で，深刻な睡眠障害を示していた。母親のマリアは次のように説明した。「はじまりは，私が復職してからのことでした。

その時，デリアは５カ月で，私が仕事に行こうとするのを見るたびに泣き叫びました。私は胸が張り裂けそうでした」。マリアはデリアの症状の原因に関して，彼女なりの考えがあった。それは，彼女が仕事に出かける時，デリアは見捨てられるように感じるというものだった。そうして，彼女の働くことについての思いと子どもの憤りについての思いとが絡み合って問題をつくりだしているように思えた。マリアはこのように説明した。「家事をするだけのために家にいるのは嫌なんです。主婦をしていると，役立たずのような気持ちになるの。自分自身をなくしてしまうみたいに感じるの」ここで，マリアは，家事をしているだけだとアイデンティティを失うような強い不安が生じるとはっきりと述べている。さらに，娘は母親である自分に要求がましいし，主婦という役割しかできないようにしていると不満を述べた。デリアはこうして，マリアに屈辱的な仕事を押しつけてくる人使いの荒い雇い主として表象され，一方で，勉強や専門的職業に基づいたアイデンティティをマリアは非常に理想化していた。

これは，二重の仕事をせねばならない現代の母親の大変さである。子育てと専門的職業がしばしば葛藤の原因となるのである。赤ちゃんは，母親としての自由と職業的達成に制限を加えるという理由で，怒りの矛先を向けられる。

この事例では，マリアがデリアを見捨てていた日中の時間帯を償おうとして，夜だけマリアの要求に応えようとしたことで，睡眠障害を引き起こしているというのは明らかだった。寝ずの番をすることは，支配的で要求がましい人使いの荒い雇い主として表象されている乳幼児への激しい怒りに対する防衛でもあった。

こうした憎しみは，何としてでも償わなければというひどいゆがみを生じさせる。これはあらゆる攻撃性や権力 authority に対する反動形成 reactive formation に基づいている。19 世紀には理想化されたが，「献身的な」母親は，近年，フェミニストによる書籍の多くで批判されている。「産みの母が母親である必要はない」という格言は，つい最近までこれこそが母性愛とみなされてきたものを根本的に否定している（Ruddick, 1994）。

乳幼児に対する母親のあらゆる形の攻撃性は，表現され，最大限の共感と関心をもって対応される必要がある。これは禁断のテーマである。というのは，総体としての母親表象は，いまだに，無条件の愛情と密接に結びつけられているからである。

乳幼児の睡眠障害の非常に多くのものが，赤ちゃんの夜間突然死への母親の恐れと結びついており，そのような恐れが，子どもへの無意識的な憎しみと結びついているということはよくあることである。

事例

デリアの睡眠障害は，マリアが常に妬んでいた弟への競争心を言葉にしたあと，消失した。弟は最終的に大学に進み，評価の高い学位を取得したのである。デリアの要求やプレッシャーのために，自分が望むキャリアを続けられなかったというマリアの不満は，業績を得ることで親を満足させていた弟への嫉妬と結びついた。これはしばしば気づかされることなのだが，母親の年下のきょうだいへの憎しみや競争心が乳幼児に置き換えられていることがある。

苦痛な情動

母親が子どもの問題や，母親としての役割を果たす上での自分自身の問題を話している間，抑うつ態勢に分類される不安や情動，たとえば，恥や罪悪感は，母親の語りの中に織り込まれている。

不安をもっともよく引き起こす原因は，乳幼児に対する無意識的な怒りである。この怒りによって，乳幼児の健康（病気や死への恐怖），事故，心理的な発達の問題（自閉症，精神遅滞，同性愛になることへの恐怖）に強迫的なまでに没頭することになる。赤ちゃんを傷つけてしまうかもしれないという恐怖は適応的な機能を果たすこともある（より注意深くなったり，アタッチメントをしっかりしたものにしたりする）一方で，神経症的な葛藤と結びつくと病理的になる。無意識のうちに赤ちゃんが憎らしいライバルとしてのきょうだいとみなされるか，不適格者扱いされ，母親の抑圧された「悪い」自己と見なされるかもしれない。

影響力をもつことになる不安の原因が他にも多くあるが，それは母親自身の葛藤による。赤ちゃんをとても脆いものであったり，お世話をいつも要求してきたり，自分には無理だと感じるようなお世話を必要としたりする存在として経験すると母親は不安になるかもしれない。

母親は，私なんて母親になる資格がないと感じるために不安になるかもしれない。こういった考えは，自身の母親との無意識的な競争心によるものである。

母親になることは，深刻なアイデンティティの危機を引き起こしかねない。母親として機能することは，それまでの自分を破壊するものとして経験されることがある。たとえば，職業的アイデンティティを，母親であることと相容れないものとして経験するために，そのアイデンティティを捨てなければならないかもしれない。

マリアの事例がこのことをわかりやすく示している。マリアは，母親であることを純粋に幸せなこととは考えられない母親の一人だった。それどころか，母親としての仕事は，みっともなくつまらないことで，職業的な達成の方がはるかに理想的でやりがいがあることだと経験されている。

不安のさまざまな形態や内容を分類することもできる。どんな場合でも不安の源泉は，母親であることによって個人の資質に新たな負担をかけることから生じるものとして理解されなければならない（Caplan, Mason & Kaplan, 1965）。

罪悪感と恥

罪悪感の無意識的な起源は数多くあるが，産後の母－乳幼児関係に焦点があたることが多い。母親自身が乳幼児のときに経験した，重要な人物と結びついたすべてのアンビバレンスや無意識的な競争心と怒りが，産後に再燃し，母親と乳幼児の表象と結びつく。かつては，「女性であるということは，子宮をもつということである」と言われていたが，母親であることはもはや女性であることの唯一かつ主要な定義ではない。このことによって，伝統的な母親役割に対するアンビバレンスをもっとはっきりと，意識的に表現する余地がうまれる。母親はもはや，乳幼児のために個人的な願望を犠牲にする心づもりはない。あるいは，少なくとも，かつてのような行き過ぎや喜びもない。しかし，このことは罪悪感を引き起こす。母親は，働いている間，赤ちゃんを他の人に預けることで自由を感じるが，赤ちゃんは見捨てられたと感じているに違いないと考えて，強い罪悪感を抱くかもしれない。この罪悪感は，とりわけ，赤ちゃんに問題や症状が現れたときに露わになる。こうして母親は，コンサルテーションを罪悪感を打ち明ける機会として，より潜在的には，罪悪感から解放される機会として捉える。

マリアの場合，罪悪感と恥が，軽度の産後うつ状態（マリアはベック Beck の抑うつ尺度で 21 点）の主たる要因だった。マリアにとって，働きに出ることは，子どもを見捨てて自分の野心を満たすことを意味していた。しかしながら，同時に，マリアは「単に」母親の役割を果たすために家にいるのは恥ずかしいと感じていた。というのは，彼女の家族は，職業的な達成こそ意味があるという価値観をもっていたからである。こうして，マリアは解決不能な葛藤を抱え，心をすり減らすことになった。こうした葛藤やそれに伴う防衛（中でも夜間の異常な警戒が目立っていた）を解釈することで，治療的に達成できたことが二つあった。デリアは睡眠障害から解放され，マリアは，人使いの荒い雇い主と見なしていた乳幼児の表象を修正した。

赤ちゃんに対する怒りは，他の対象に対するアンビバレンスよりもわかりにくく，逃れることのできない罪悪感が大きくのしかかる。

恥は，母親役割における無能感と主に結びついている。赤ちゃんのことで相談している母親は，育児のことをとてもよく知っていて有能な理想像を専門家へ投影する。この理想化のために，治療者は，絶対的な権力と権威をもつ人物のように捉えられる。

母親は乳幼児の症状の多くを，自分たちが無能なせいと受け止めている。

そのために，初回のコンサルテーションでは，恥の感覚が偏在している。短期の母－乳幼児心理療法の結果に関する調査によると，母親の主観的な状態におけるもっとも重要な改善は，治療後に自尊心が確実に高まるということである。こういった治療過程における主要な治療的要素の一つは，母親の有能感を補強することである。母親の有能感は自然発生的に生まれるということはあり得ない（今や，「母性本能」などというものは存在しない）。特に，初産の場合は，母親の有能感はひどく脅かされかねない。乳幼児に問題が起きると，成熟した女性になれるのだろうかという母親の無意識的な不安により，疑念が生じる。

セラピストの仕事

この段落では，セラピストが何をなすべきかをガイドラインに沿って示してみる。そして，それをどのように行うかについて，いくつかの例を用いて説明したい。

最初に，母－乳幼児セラピストは，次のような特別な経歴をもつことを述べておくのが重要である。母－乳幼児セラピストは成人，および子どもの心理療法の十分な訓練を受けている必要がある。というのは，まずは親に介入する必要があるが，乳幼児が引き起こしているものを「読み取る」こともできなければならないからである。さらに，セラピストは，乳幼児の症状の意味，不安の兆候，関係の様式を理解するために早期発達の知識が必要だろう。母子の相互関係の形式について，関連する文献で述べられているように（Brazelton & Cramer, 1990; Emde & Sorce, 1983; Stern, 1984），よく知っていることは非常に役立つ。それは，顕在的な相互作用はコミュニケーションの様式としても解釈できるし，母子の症状を引き起こしているものとしても解釈できるからである。

セラピストは，古典的な精神分析セッションでのように，注意深く耳を傾けることができなければならない。それだけではなく，行動をよく観察する必要があるし，こうした２つの領域をうまくつなげるよう試みる必要がある。「聴きながら観ること」が，セラピストのモットーとも言える。

解釈を探求すること

主な葛藤，不安，あるいは病理的な関係の様式を発見するという課題は，標準的な個人セラピーや個人分析よりも，母－乳幼児心理療法の方がはるかに容易である。このことは，母子治療に取り組んでいる臨床家にはよく知られた事実である。一方で，個別の患者とのセラピーのみを行っているセラピストにとっては，信じにくい部分でもある。葛藤が生じている布置の核心に迫ることが，はるかに容易である理由は，多層的である。このことは，母－乳幼児心理療法の独自性を明確にするので，ここでそれらをリストアップする価値があるだろう。

第一に，今ではよく知られているように産後期は，表面化している無意識的な内容にアクセスしやすい。これはずいぶん前にわかっていたことだが，この領域で仕事をしている臨床家から新たに注目を浴びている（Blos, 1985；Bydlowski, 1991; cramer, 1993; Fraiberg, 1980）。産後の母親にのみ見られる，特殊で限定的な心的機能が明らかになるというのがその理由である。母親自身の乳幼児神経症が前面に表れて，自身の母親との（また，程度は弱いが父親との）早期の関係に根ざすイメージ，空想，葛藤が強力に呼び起こされる。退行が進み，昔の記憶が意識によみがえる。さらに，乳幼児は激しい情動をかき立て，欲動は解放され，早期の関係様式が誘発される。実際に，今や，乳幼児の母親に対する要求は，母親の普段の防衛や性格上の均衡 characterological equilibrium に外傷を創ることになり得る。母親の自己愛が，乳幼児の要求に応じねばという強迫的な思いによって脅かされる。つまり，母親は反応せねばならず，もはや赤ちゃんを自分の都合に合わさせようとは，望めないのである。このことは，自己愛的な自己充足感が奪いとられるように経験され，またスキゾイド的な防衛の破綻として経験される。

母親であることのアイデンティティの危機

さらに，すでに述べたことに続いて，同一化の再分配が起きる。女性は，母親らしく，活動的で，養育的でなければならないという思いに駆り立てられていることに気づく。こういった姿は，自分自身の母親表象や，母親とはこうあるべきという理想像と一致するかもしれない。同時に，9カ月間，おなかの中にいた乳児の誕生で，乳児的な状態（依存，口愛的な貪欲さ，万能的なナルシシズム等）との退行的同一化が誘発される。こうして，母親は，空想や欲求と一致した母性的同一化と乳児的同一化を同時に経験するかもしれない。この「アイデンティティの危機」は，普段のアイデンティティの参照枠をかなり弱体化させることになり，大きな苦痛を引き起こしかねない。時には，「どうしていいのかわからない」とか，「何をすべきかわからない」といったような発言が見られる。このことによって乳児の訴えを読み取ることも難しくなる。母親はしばしば「どうしてこの子はこんなふうにするのかわからないわ」と愚痴をこぼす。母親の内部で強烈な乳児的な欲求が生じてきたことへの二次的な防衛（抑制，抑圧，スプリッティング）が気づきを困難にする。それを見ないようにするために赤ちゃんに外在化しなければならず，そして乳児を「おかしい」と経験するのである。

プラスの力

最後に，治療に懸命に取り組む中で母親が積極的に答えを探し求め，協働しようと思う大きな要因をあげることにする。それは，赤ちゃんと建設的で健康促進的な関係を築こうとする強迫的なニーズである。この積極的な力は，ブラゼルトン（Brazelton）とクラメール（Cramer）が記述し続けてきた事柄である。母親はあらゆる外的な脅威から乳幼児を守りたいのだが，とりわけ，自分自身の神経症や限界から生じるリスクから守りたいのである。（ほどほどに）よい母親でいることは，自身の理想を実現させるとても力強い誘因である。さらに，セッションの間中，赤ちゃんが実際にそこにいるというのは，大きなインパクトがある。乳幼児の振る舞い，要求，感情表現，これらすべては母親に強い影響を与えており，答えを必死に探し求める母親を助けることもある。フライバーグは，赤ちゃんがいること自体が，「神が味方をしてくれている」かのような，魔法のような働きをすると述べている。

焦点

すべての形態の短期療法において，焦点化することは主要な特徴である。焦点化とは，セラピストが中核的な布置を積極的に探索し，その把握を試みることを一般的には指している。その一方で，焦点とは，常に，セラピストの解釈の探索と，患者の中核にある典型的で個人的な布置が自発的に産み出したものとが出会った共同の力の結果である。

母親がまず言語化し，続けてセラピストは，母親の注意をまとまって表れているものへと方向付ける。うまくいけば，中核にある注目すべき布置を生み出すための素材があらわれる。

はっきりしているのは，もっとも重要な徴候は，乳幼児の症状だということである。母子は症状を選択するが，それは母親と同様に乳幼児が生み出すものであると考えられる。音楽にたとえるなら，不協和な楽曲の主要なメロディーを伝える重要なライトモチーフは，症状に関する母親の不安なのである。症状をどのような言葉で述べるか，強調される形容詞は何か，訴えに伴う情緒は何かといったことに，注意深く耳を傾けなければならない。まもなく，ある段階で，輪郭が見えてくる。それが主要な葛藤を引き起こしており，二人以上の主役がそれを演じている。お化けが面接室に集結し始め，お化けは乳幼児の生後すぐ，あるいは生まれる前から出没していたことが，間もなくわかる。これらのお化けは母方の祖父母，おじさん，おばさんといった特徴をもつ。また，それらは母親の父親あるいは母親の特徴ももち合わせているかもしれない。そして，母親は，いまや，フラバーグが作った用語である「お化け」が入り込んだ表象を通して乳幼児を見るのである。乳幼児は「私のきょうだいみたいに」頑固だ，とか，「父親のように」ひどいとか，「私が子どものときみたいに」脆いとか弱い，などなど。そうして物語が始まる。これは，葛藤，ひどい欲求不満，あるいは恐ろしい苦痛や，ひどい喧嘩が引き起こされるような物語である。不幸な母親は，とても欲しいと思っていた赤ちゃんに直面するが，その赤ちゃんが不安や怒りや罪悪感の象徴になるのである。赤ちゃんとしての表象は消えてしまう。というのは，かつての対象や自己表象によって侵食されるからである。

このような表象が干渉してきて，母親にとってはまさに現実的なものになる。というのは，それらは強力な投影同一化と外在化の過程によって駆り立てられるからである。そうすると母親は乳幼児が本当に迫害し，攻撃してくると感じるかもしれない。

セラピストはこうした投影同一化のメカニズムを注意深く検討する必要がある。スペクトラムの一方の極においては，それはつかの間の投影であり，攻撃的－自己愛的な備給よりも愛情備給が優勢である。この場合，投影の影響を取り除き，この投影同一化を母親の乳幼児神経症の領域に引き戻すことは容易である。投影のスペクトラムのもう一方の極はとても強固な投影で，ほとんどの場合，子どもに対する攻撃的な意図を伴う。この場合，強力な無意識的罪悪感のために，取り組むことがとても困難である。

投影が対象関係的な次元か自己愛的な次元かについてもアセスメントする必要がある。最も困難な状況の一つは，母親が自分自身の表象をスプリットさせて，それを乳幼児と同一化している場合である。ここで母親が憎んでいるのは，乳幼児において具現化された自分自身の鏡像なのである。

焦点を明確にすることは，その大部分が投影同一化の過程にかかっている。子どもは恐ろしい表象が具現化されたものとして見られ，付随的な不安，罪悪感，防衛を伴う二次的な葛藤が母子間に引き起こされる。

焦点はまず，次のように定義されるだろう。それは，付随的な葛藤を伴う投影同一化に一致している子どもに関する不満から構成されている。これは，母親の過去における元の原初的な対象に対する以前の葛藤が呼び覚まされたものである。特殊な形の不安が，付随する防衛と共に引き起こされる。

解釈されるのはこの「総体 ensemble」である。マリアとデリアの事例には，典型的な焦点についての解釈が描かれている。

事例

最初のセッション開始後 47 分で，焦点となることが解釈された。ほぼすべての事柄を扱い，三人の主要な人物の間で多くのやりとりが生じ，セラピストは根本的な問題に関して確信をもつに至った。この確信は，臨床経験，母親の根本的な葛藤が繰り返し表れること，感情表現，そしてセラピストがそのときに理解したことを言葉で伝えたことに対する母親の反応などに基づいている。セラピストは次のように言った。

「そうですね，睡眠の問題はこのことに結び付いていると思います。というのは，たぶん，あなたが仕事に行くのは，そしてこのことがあなたにとって大事な目標なのだと私たちは二人ともわかっていることですが，あなたがご両親に認めてもらえるような重要な人物になるためなんでしょうね。そして，ご両親に借りを返すためでもあるのですよね。わがままなやり方で，とあなたはおっしゃっていますが，自分のために働き始めたのでしょう。働くことが，あなたのとても大事な野心だからなのでしょう。同時に，あなたは娘さんを犠牲にしてると感じていましたね。私が思うに，夜の間，娘さんが泣き叫ぶたびに，こう言い聞かせてたのではないでしょうか。**夜の間心配してあげて何としてでも償わなければならないと。そしてすぐに娘さんのところへいってなだめたのでしょう。私はこの子に償わないといけない。私は仕事をしているとき，そして，自分のやりたいことをしているときに，この子から取り上げてしまったものがあるからと**」

この解釈が含んでいるのは，主には子どもに対する無意識的な罪悪感，夜間に眠らずにお世話するという防衛的な行動，そして，親からのプレッシャーによって復職しなければならないという強迫的な欲求である。

セラピーの初回セッションで，このような複雑な解釈ができるというのは興味深い。これは，母親－乳幼児のセラピーで生じる強力な心的再編成の典型であり，それによって素早い洞察が可能になる。

顕在化した行動の役割：母－乳幼児の実演

母－乳幼児の合同心理療法について，独自の側面をもう1つ付け加えておく。それは相互的実体化 materialization，あるいは実演 enactment である。赤ちゃんの症状について母親が不満を述べている間に，赤ちゃんは母親に「症状的な一連のやりとり symptomatic interactive sequence」を正確に実演するかもしれない。これが幸運にも生じると，セラピストは，症状がどのように発生し，持続しているかということについて，より深く理解できる。そして，症状の相互的な決定因を，母親に具体的に示すことができる。そうして中核的な葛藤が実体化され，「行動化」の次元が，筋書きに付け加わることになる。

この章の最初にあげたサラとメアリーの事例は，「症状的な一連のやりとり」が意味するものを例証してくれる。

事例

娘のサラが叩いたりひっかいたりしてくるのだと，メアリーが長々と訴えている間，小さなサラはとても静かで，母親のひざに座り，母親のセーターについてるリボンをひっぱっていた。ある時点で，サラは，手を母親の下唇にもっていき，指で触り始めた。メアリーはすぐに話しをやめて，サラを注意深くじっと見た。数秒後，「**ひっかいたわね。……ひっかいてはダメ。抱きしめてよ**」と母親はささやいた。サラはやめて，靴を床に落とした。メアリーは「降りたいの？」と問いかけ，それに続けて，自分からはサラの顔を背けさせて，セラピストの方に向かせてサラを床に降ろした。10秒も経たないうちに，サラは母親であるメアリーの方に向きなおり，メアリーの靴に手を伸ばしたが，メアリーはすぐに足をひっこめた。

セラピストは，サラと触れ合うと痛いことになるとメアリーが予期しているとコメントした。まるでいかなる身体的接触も避けたいかのように，メアリーが身体からサラを遠ざけたことにセラピストは注目した。メアリーは，接触が生じるといつも痛い思いをすると思っていることを認め，「この子には優しくしてほしいけど，この子は絶対にしてくれないの」と言った。

ここでは一連の症状的なやりとりは，母親の攻撃性の投影と距離を置くことによる懲罰であることが実演されている。つまり，これは反復され，次のセッションでも見られた。この筋書きが強迫的な性質をもつことと，小さな娘を責めるメアリーの厳格さは，メアリーが内的な葛藤を相互的な領域へと「外在化」していることを示唆している。

多くの場合，主要な焦点は最初のセッションで早くも明らかになる。セラピーの過程は，母親の主要な葛藤の表れを何度も明確化，直面化し，つなげて（現在と過去の間，乳幼児の表象と母親の想像上のパートナーの表象の間，症状と相互作用の間のずれ），乳幼児の心のうちにある苦境を洞察することで構成されている。とてもよくあることなのだが，母親は，乳幼児が伝えようとしていることは何か，乳幼児のニーズと不安は何であるか，特に，乳幼児はいかに母親を喜ばせようとしているのかを知ると驚く。

主要な焦点が十分に理解されると，投影の歪曲作用が取り除かれるため，母親は新たな目で乳幼児を「発見する」ことがよくある。

セラピーの目的

このような短期療法には，明確で限定された目標があることに留意することが重要である。標準的なセラピーとは異なり，修正されるべきは母親の全体的な心的態度や機能全体ではない。むしろ，目指すべきは特定の部分である。この部分は，この母親とこの赤ちゃんがつながることが難しいという子育てに関する葛藤が生じる側面である。母－乳幼児関係を，葛藤をはらむ，無意識的な足かせから外すことが目的である。セラピストは，このことがうまくいったときにはわかる。数セッションの後，母親が不安に駆られて質問してくることは減り，乳幼児との関係は新しいやり方で経験され，赤ちゃんへのリビドー備給と，親としての有能感に関する母親の自尊心のいずれもが再生する。

転移

セラピストに対する主な転移が陽性である場合，セラピーは短期的なものとなりうる。アンビバレントな転移，依存的な転移，あるいは敵意に満ちた転移が生じると長期的な治療が必要となる。興味深いことに，スプリットした転移 split transference が存在するためにこういった短期的な形態の治療はうまくいく。母親はセラピストと，しっかりした陽性の治療同盟を構築する一方で，同時に，乳幼児に否定的な表象を向け，乳幼児を悪いものか，損傷しているものとして捉えるのである。フライバーグはこのことを，子どもに対する転移の一形態として捉えている。これらの否定的な表象が，親の原対象の文脈において解釈され，置き換えられると，治療は終結しうる。

セラピストの寄与

これらの短期療法は体系的に学ぶ価値がある。まず，この治療は比較的新しいセラピーの方法で，多くの場合，驚くほどのよい結果をもたらす。この現象は，急激な治療的変化の本質を明らかにできるため，再評価される必要がある。症状形成や早期の母－乳幼児関係の構成と症状学も解明できるだろう。

さらに，短期的な形態であるため，従来の心理療法を学ぶよりも容易である。進行中の変化やテーマがより少なく，人生の途中で起きる変化や発達によって生じる変化はより少ない。これは，セラピーの過程のみによって生じうる変化を学ぶには理想的なやり方である。

私たちのグループは，120組の母－乳幼児の心理療法における結果と過程の長期研究を行った。対照群は，結果と過程を別個に評価するために精神力動的ではないセラピー（母子相互作用ガイダンス）を実施し，評価した。主な結果は他で公刊されている（Robert-Tissot et al., 1996）。

この章の最後に，セラピストがどのようにこの心理療法に寄与しているかを示すいくつかのデータを提示する。それは客観化が，この特殊な形態の心理療法の特有な技法を定義するのに役立つかもしれないからである。

発話量

精神分析的な訓練を受けたほとんどのセラピストは，あまりしゃべらないことが求められる。患者の連想の流れを妨げないことが優先されるべきで，それによって介入や解釈が素材にしっかりとむすびついて有益なものとなるときに，セラピストは言葉を発するのである。

患者とセラピストの言語化を量的に評価することで，短期の合同セラピーにおいては，言語的なやりとりが非常に異なる経過をたどったことが明らかになった。セラピストは，素材が展開するのを控えめに待ち，解釈の焦点を形作る素材を得るため，この予想して待つ最初の期間の後に介入することが多い。典型的な最初のセッションに注目し，セッションの展開に伴う発言の数を図に表すと，図7.1に示されるようなプロフィールが得られた。

この図から，それぞれの曲線が，他方の鏡像のように見えることがわかる。一方がより多く話すと，他方はあまり話さなくなっていると言えるだろう。これは相補的なやり方であり，相互性が大事にされている場合における会話の典型である。

この図は，調和的なやり取り（母－乳幼児の相互作用のある型に似ている）を明らかにしており，治療的なやりとりの特徴ではない。セラピストは母親

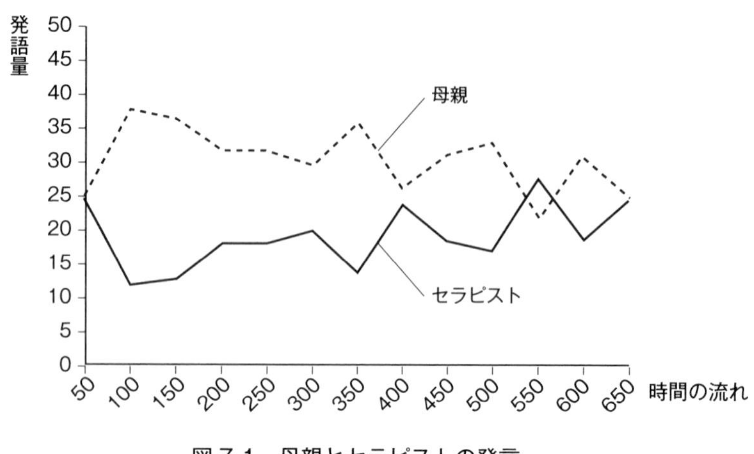

図 7-1　母親とセラピストの発言

の多弁さに圧倒され，ほとんどしゃべらなくなる場合もある。他の状況では，セラピストは，母親の抵抗や抑制のために，母親よりも多く話さざるを得ないのかもしれない。

登場人物間の発話の全体平均を比較してみると，大抵の場合，60%が母親の発話で，40%がセラピストの発話という分布になる。実際，これらのセラピストは従来のセラピーにおいてよりもはるかに多く話す。

セラピストの発言が，どんなタイプに分類されるかを見てみよう。発言のうち四分の三は，最小限の表出と，つなぎ的な会話である。（図 7-2 を参照[注28)]）最小限の表出は，意味のある内容をもたない発言である。単音節の発声が，興味や共感のいずれかを示すためにしばしば用いられる（たとえば「なるほど」「そうですね」「もちろん」）。あるいは，セラピストが更なる質問に関連があると気づいたときに興味を示すために用いられる。このような最小限の

注 28）こうした発見は「母－乳幼児短期療法における治療的過程」の調査結果である。これは，スイス国立科学基金から研究資金助成を得た。助成番号 32-40902.94　調査は以下の研究者が行った：B.Cramer, C.Robert-Tissot, S.Rusconi-Serpa, F.Luethi, V.Wasem, A.Sancho-Rossignol, K.Bachmann, C.Champ, S.Genevay, L.Scippa, F.Palacio-Espasa, D.Knauer, C.Berney.

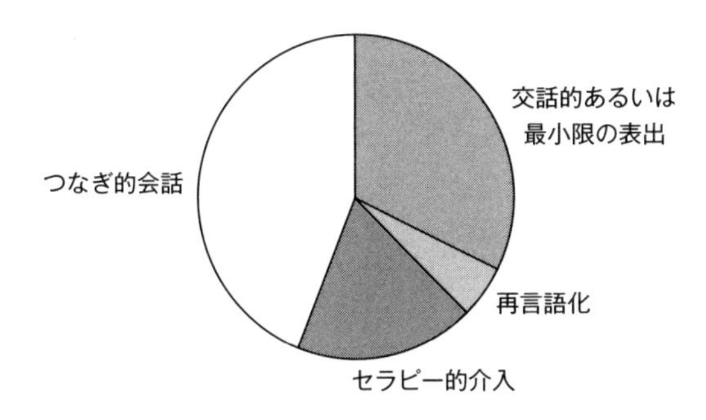

図 7-2　セラピストの言語来現の割合

表出は，言語学者が「あいづち」とも呼ぶもので，そうした言語的なやりとりの支持的な性質を表しているのである。つなぎ的会話は，記述的で，事実に関するもので，情報に関する言明から構成されており，情緒的なメッセージや認知的な次元は含まないものである。たとえば，「娘さんの名前は何ですか？」とか「この子は何カ月も寝ていないんですね」など。

再－言語化 re-verbalization は，介入のうちに占める比重が小さい。これは内省的な活動の一種で，母親の話していることは適切であり，強調される必要があると母親に示すために用いられる。それによって，同じ方向性でさらに深めていく必要性を指し示すのである。

最後に，厳密な意味での治療的な介入は，言語化全体の4分の1以下である。これらはセラピストの特殊な技法的介入とみなされるものであり，理解，説明，直面化，および解釈である。

セラピストの発話分析は，いくつかの点を明示している。

1. セラピー過程は両者における**相互作用**の結果であり，セラピストの力のみによるものではない。相互的に適応しあい，焦点と作業同盟を共に構築し，目標の共有が行われる。この目標は相互的な調整によって達成される。セラピストは会話のやりとりを維持し，ある流れが展開していくことに関心を示し，共感と理解を示し，結びつけ，めったにはないことだが，無意識的な過程を解釈する。母親は，乳幼児にまつわる多くの情動や表象を表出する。母親は答えを見つけたいだけではなく，セラピストを喜ばせたいのでもある。これらの２つの力が作用して，意味のある連想と作業同盟を生み出すのである。

2. セラピストは従来の心理療法においてよりも能動的である。セラピストは手がかりを追い求め，避けられているものを明らかにし，結びつけたり指し示したりして確証へと向かう。とりわけ，母親が出してきたものを支え，新たな方向性を探し，共感を示し，接触しようとする乳幼児の試みを母親に差し示す。セラピストは，心的な痛みに囚われている乳幼児への共感を伝える。乳幼児と遊ぶこともあるかもしれないし，あるいは，母親が困惑している時には支持的なやり方でかかわることもある。セラピストが子どもよりも母親に多く話しているとき，乳幼児が理解できているかのように，乳幼児にも話しかけることもある。たとえば，セラピストは，赤ちゃんは母親が近くにいないと怖がっていると言うかもしれないし，母親にお世話されるのが好きみたいと言うかもしれない。

3. 子どもの役割。セラピストが母親に話す言葉と子どもに話す言葉の数を数えてみると，大部分は，セラピストの主たるパートナーである母親に対してのものであることが明らかになった。母親はセラピストの主たるパートナーなのである。しかしながら，こういったセラピーにはよくあることなのだが，興味深い現象を発見した。セラピストは，母親に話をしている間，まるで赤ちゃんの活動をモニターしているかのように，子どもを絶えず注視しているのである。また，セラピストは子どもと遊びながら，同時に母親と話をすることもある。私たちはこれを「同時課題／double agenda」と呼ぶ。可能ならいつでも，セラピストは，母親の没頭を乳幼児の活動や行動に結びつけるだろう。言いかえれば，セラピストは，治療的焦点を母－乳幼児関係の水準に置き続けるよう試みるのである。

母－乳幼児心理療法に関するいくつかの結論的見解

早期の治療的介入

多くの臨床家によって蓄積された経験に一致していることは，母―乳幼児心理療法，および親―乳幼児心理療法は，迅速かつ重要な結果を得られるということである。迅速なのは，産後期（多くの事例において，産後を24カ月までとみなしている）の女性は心的構造が柔軟であるためである。セラピーが短期であることは，必ずしも，効果が表面的であることを意味しない。

このようなセラピーが機能していると，乳幼児に関する母親表象と，母親の同一化が大きく変容し，変異さえもたらす。乳幼児への投影同一化は，とても激しく歪曲されていることもありうる。しかし，出産と子育てによって呼び覚まされた母親自身の乳幼児期の記憶の断片を母親が想起することができれば，これらはすぐに修正できる。

こうした治療的効果をもつ臨床経験は，長期の治療や転移神経症をじっくりと解釈することを基盤とした通常の精神分析的なやり方とは合致しないが，次のことを示している。早期の発達において行った介入が，葛藤的な関係を修正し，場合により葛藤が慢性化してしまうことを防ぐ有益な道具になるということである。私たちはこうして，母－乳幼児心理療法を，特別な治療的機会と考えている。

心的構造のはじまりについて学ぶこと

母親の投影と，それに付随する相互作用と教育的信条 educational principles についての詳細な検討が，母子間で生じる「意味の共有」の解明につながる。そのことが，乳幼児のこころの中で生み出されるわだち furrows を理解し，明確にし，アイデンティティや空想の発達について理解することを導く。乳幼児は，何が辛くて何が楽しいのか，何が禁止され何が認められるのか，何がほめられることで何が嫌がられることなのかなど，親が意味づけた日常経験の中で困惑している。母－乳幼児心理療法の実践によって，これらの過程を明らかにすることができ，心的構造の構築に与える親の影響を概念化することにつながる。

エビデンスに基づいた心理療法

シャピロ（Shapiro, 1996）は「一見すると効果があるように見えるセラピーを信じる者によって示されている，特定のメカニズムのエビデンスは，大抵，驚くほど限定的である」と指摘している。私はこの章で，このセラピーで実際何が起きているのかを示すエビデンスとして母－乳幼児心理療法の過程に関する研究データを示した。こういったデータが，セラピーで実際に起きていることのエビデンスとなる。他の論文（Cramer, 1998）でより詳細に論じているが，こうしたセラピーにおける治療過程は，独自の特徴を表している。短期療法では，最初のセッションで焦点を形成する必要がある。セラピストと母親は協働して，共有できるモデルや小さな理論を作りだすのだ。セラピストはセッションの初めは主に受容的にかかわるが，セッションの終わりにむけて，言語的介入が増加し，セラピストと母親はほぼ同じくらいの発言になる。明らかにセラピストは従来の心理療法よりも（また，明らかに，精神分析よりも），能動的である。セラピストにとっての主な技法的問題は，誘導したり操作したりせずに，焦点を決めることである。

言語的介入のタイプを見てみると，セラピストがつなぎ的な会話や最小限の表出などの，明確には意味をもたない言葉を発することにほとんどの時間を費やしていることに驚かされた。この種の心理療法過程の調査研究からは重要なことが学べる。そのうちの一つは，こういった低い水準の表出にセラピストが気づいてないということであり，これは訓練中に求められていた「喚起的な発言 inspired pronouncements」という理想化された来現とは合致しない。

一般的に，セラピストは自分たちに対する要求水準が非常に高い（自己評価式の質問紙で明らかになったことである）。彼らは解釈を過大評価する一方で，技法のいわゆる特別ではない要素を過小評価する。しかし，これらの要素が同盟的雰囲気を生み出し，意味のあるコミュニケーションを促進することになるのがわかる。

結局は，そこにいる「生身の」乳幼児が，セラピーのプロセスで独自の役割を果たすことを発見した。たとえば，乳幼児は，母親の投影に対する人柱 live prop という素材としての役割を果たす。セラピストは母親の注意を乳幼児の表出に向ける時（いわゆる「同時課題」である），母親はたいてい子どもの新たなイメージを発見する。たとえば，乳幼児は，人使いの荒い人から，苦しむこともあれば理解することさえできる優しい人間になる。投影による歪曲がこのように修正され，子どもとの関係は，これまでよりも満足を与えるものとなり，不安を引き起こすものではなくなっていく。

母－乳幼児心理療法は，乳幼児精神医学という発展途上の領域における，精神分析の数ある応用の中の一つであると結論できる。それは，価値ある治療的な機会であり，乳幼児発達，母－乳幼児相互作用，心理療法過程の研究の機会でもある。

第8章

性的虐待を受けた子どもたちの親とのワーク[注29)]

ジリアン・マイルズ（*Gillian Miles*）

子どもが性的に虐待されることは，子どもにとっても家族にとっても傷つき，トラウマになることである。性的虐待は，ネグレクト，情緒的虐待，身体的虐待など他の形の虐待を伴うことがしばしばあるが，性的虐待はそれ自体がとりわけ情緒的衝撃を家族に与える。

性的虐待が家族の中で起きた場合，秘密裏に潜行し，発覚したときの最初の衝撃には深いショックが伴い，それ自体がトラウマとなる。性的虐待は，大人の関係性にあるべき性愛の適切な場というものを侵しているため，あらゆるタブーを超えた行為に家族は直面することになる。父親あるいは継父が虐待者[注30)]の場合，大人のパートナーシップや家族内で続いている役割に深く影響するため,生じていることに対してまったく信じがたい気持ちがある。父親のパートナーである母親は取り返しがつかないくらい傷つく。子どもたちは父親と一緒にいると安全ではないとみなされ，父親か子どものいずれかが家から出て行かなければならないだろう。父親が性的虐待の告発を否認すれば，父親のパートナーである母親は子どもを信じるのかどうか，明白な証拠がない中で決断しなければならない。そこには，パートナーを失うことに

注29）本章で言及されている研究は保健省とメンタルヘルス財団からの助成を受けて行われた。

注30）女性の虐待者や少年への虐待の存在が認識されているが，本章では男性の虐待者による少女への虐待について考えることに限定している。

なる可能性が含まれる。きょうだい間での性的虐待の申し立てがあった場合，親はどちらの子どもの言い分を信じるか決めなければならず，それはより大きな苦悩を伴う。虐待を申し立てた子どもが信用されなかった場合，家から出て行くことを余儀なくされるかもしれない。代わりに，性的虐待を行っている子どもが家族から縁を切られて締め出されるかもしれない。

精神的に脆弱な家族にとって，そのような外的な出来事による情緒的な衝撃は深刻である。英国では子どもへの性的虐待は刑事上の犯罪であり，発覚後は社会福祉局，そしてチャイルド・プロテクション・チーム[注31)]による介入があり，法定手続きへと引き継がれる。こうした手続きは精神的な痛みを伴うものである。こうしたことは,強いトラウマ的衝撃を与えるものである。パートナーシップは壊れ，家族はばらばらになり，家庭や経済的サポートが失われる可能性がある。家族は当惑，罪悪感，恥といった感情を持ち続ける場合もある。虐待していない方の親は，知らなかったことや子どもを守ることができなかったことに罪悪感をもち続けるかもしれない。虐待者に対しての怒りと共に，裏切られたという感覚や傷つきや喪失という強烈な経験ゆえに，子どもに対しても怒りの感情を抱くかもしれない。何が起きていたかについて家族内，および家族外で話すことは非常に困難である。子どもは断続的な虐待から解放される一方で，自分の人生において大事な大人を失う悲しみや，虐待の発覚によって突然引き起こされた家族の計りしれない混乱への責任を感じるかもしれない。

見知らぬ人による虐待の場合，家族力動への衝撃はそれほどまでには深いトラウマではないかもしれない。しかしながら，虐待者は信頼していた家族の友人かもしれず，虐待の衝撃は軽視できない。虐待のほとんどは，たとえ家族のメンバーでなくとも，子どもや家族がすでに知っていた大人であり，加害者が見知らぬ者であるのは稀である。虐待の衝撃は，程度や性質，子ど

注31）児童虐待のソーシャルワークに取り組むチャイル・プロテクション・チーム（Child Protection Team）は，現在ではセーフガーディング・チーム（Safeguarding Team）と呼ばれており，社会福祉局（Social service）に属する。

もの年齢，そして虐待の期間によるだろう。また，それ以前の家族の歴史，たとえば，アタッチメント関係の強さ，家族内暴力，あるいは薬物やアルコール嗜癖のような他の問題の有無，以前の家族内での関係性，親の子ども時代の体験にもよる。以前のアタッチメントの強さやそれ以前にあった家族間の難しさはトラウマに対処していく家族の力に必然的に影響を与える。性的虐待のトラウマは，子ども時代の通常の発達の精神的な障害物になることは避けられず，すでにさまざまな困難がある場合，対処するのがより難しくなる。

親の内的世界に性的虐待が与える衝撃

外的なトラウマが非常に強力なため，少女への性的虐待が母親の内的世界に与える衝撃は見落とされやすい。また，そのことについて考えることも非常に難しいかもしれない。加害者が父親の場合，通常のエディプス状況は完全に崩壊してしまう。外的な現実としては，性的には子どもは母親と取って代わらされており，エディプス的な願望は満たされている。母親はパートナーから裏切られたと感じ，パートナーだけではなく子どもからも裏切られたという感情にも苦しむことになる。守りたいと思っていたパートナーと子どもに対する怒りに付随して，母親自身の子ども時代に起源をもつ，自身の母親に対する無意識的な怒りの感情が呼び覚まされる可能性もある。そうしたときには，子どもは勝ち誇った気持ちになると同時に，自分を守ってくれなかった母親に対して怒りを感じるかもしれない。娘が青年期の場合，母親と娘との間の性的なライバル関係という無意識的感情が現実に実演されるのは次のようなときである。それは，娘の性的発達が自分の領分を侵していることに母親が気づき，娘の性的成熟や魅力が母親自身や母親の性愛に与える衝撃で母親の心がわずらわされているときである。性的に大人になりつつある娘と関わるプロセスの中で，母親は突然，母親自身の場所を取ってしまった子ども，ひどい裏切り行為をした子どもに直面することになる。

子どもの年齢が何歳であろうと，無意識的な性的タブーは破壊される。母子共に，無意識的および意識的罪悪感を含めて，関係性に深刻な問題が残される。母親は，子どもが実年齢を超えた知識，そしておそらくは対処できる能力を超えた知識を持っているという事実にも対処しなければならない。こうした強い無意識の力によって，口に出せない感覚，秘密を守ることへの強い衝動，そして，家族の中で話し合う難しさが生じる。幼い子どもが虐待されていたとき，親として母親は，不適切な性愛による子どもへの影響について，そして子どもに生じているかもしれない親の愛情と不適切な性愛との間の混乱について考えるために，自分の感情に対処しなければならない。起きたことの結果は，それ以前の母親の子どもへのアタッチメントの性質によって決まるだろう。また，多くは，母親自身の生育史や，母親が人生で体験したトラウマにどのくらい対処できたかにもよる。それは，未解決なトラウマはそのような影響力の大きい状況で再び起こり得るからである。さらに，母親が子どもを信じることができるかどうかにも大いに依っている。それは，子どもにとって最も重要だからである。

リスクのアセスメント

そのようなトラウマ的な出来事を背景に，子どもは性的虐待を受けた後に精神分析的心理療法に紹介される。心理療法の場の守秘性という必要不可欠な特質をふまえ，心理療法を開始する前に，さらなる虐待から子どもが安全である状況を確立することが重要である。これは，加害者がすでに家からいなくなっていることを意味することが多い。あるいは，加害者が家族のメンバーではない場合，さらなる虐待から子どもが守られていることを誰もが確信していることが重要である。しかしながら，治療の中でさらなる虐待の可能性を示すことが子どもから話された場合は深刻に受け止め，守秘として取り扱わないことを心理療法の始めから明確にしておくことも重要である。

さらなる虐待のリスクをアセスメントするのが非常に難しい場合もある。それは，子どもの母親の要求が極度に強く，子どもを自分で世話し続けたい思いとパートナーである夫を保持したい思いの間で母親が引き裂かれているかもしれないからである。虐待をしているパートナーは，さらなる虐待を自分が行う危険があるとわかっていながらも子どもに会いたいと切に望んでいるかもしれないし，パートナーが子どもにこっそりと会い続けているのに，母親とパートナーは自分たちの関係を維持する口実作りに駆り立てられているかもしれない。そのような状況では，さらなる虐待から子どもは守られていないため，心理療法は成り立たない。子どもの安全性に疑問が残る場合には，子どもの安全を確保するために，他の専門職の人たちと共に家族との密なワークを継続することが必要不可欠だ（Furniss, 1991）。

性的虐待を受けた子どもの親との心理療法とワーク

子どもとの心理療法を支えるために子どもの心理療法と並行して親との時間を作ったり，子育てについて考えたりするために，親に援助や場合によっては，親自身の心理療法を行うやり方が確立されている。私たちは最近，性的虐待を受けた６歳から 14 歳までの少女にランダムに，30 回の個人心理療法，あるいは 12 回から 18 回のグループセラピーのいずれかを行った心理療法の効果の研究に参加した。そのプロジェクトには 80 人の少女が参加し，ロンドン市内で行われた。（Trowell, Kolvin, & Berelowitz, 1995; Trowell & Kolvin, 1999）。

少女の心理療法に伴って，親や養育者にワークを提供することの重要性に私たちは気づいた。親たちは，虐待が子どもに及ぼした影響，さらには親たち自身の人生の混乱を理解する必要があった。また，ストレスに満ちた親たち自身の反応にも対処できるようにする必要があった。親たちは，家庭の内外両方での子どもの困った行動や性愛化された行動にたびたび直面した。関係性は深刻に混乱し，信頼は再構築される必要があり，母親あるいは親は，自身のトラウマや自身の生活が混乱していることを認識するためのスペースをもつ必要があった。多くの場合，里親たちは時にはほとんどサポートを受けることなく，自分たち自身の家族の中で，非常に難しく，退行し，性愛化された行動に何とか対処している。

総じて言えば，私たちの目的は，親の温かさ，繊細さ，そしてサポートを促し，可能であれば，よい子育てができて，子どもが虐待のトラウマに対処するのを助けられるような信頼できるアタッチメント対象となることができるという親の自信を回復することである。そうした中で，虐待に関連して親たちがもつ深い感情や複雑な反応，そして虐待に対する態度や反応と親たち自身の過去の経験とが関連する可能性を認知し，親自身の困難さを私たちが知る必要性を認識した。そうしたワークは，母親，母親とパートナー，そして里親，施設職員，時には子どものソーシャルワーカーと行われた。

短期間という性質のため，このワーク自体は心理療法とは見なされず，常に家族が直面している現在の問題に関することに焦点化される必要があった。しかしながら，このワークによって親たちは自分たち自身のニーズを認識することができたために，長期的な心理療法関係が始まる場合もあった。

ところが，このプロジェクトを始めるに際して，親や養育者とのワークの複雑さを予期していなかったし，子どもが心理療法に来ることが可能になるためには，この分野の他の専門家たちと私たちがどの程度，協働する必要があるのかについても予期していなかった。多くのケースでは，子どもの心理療法の守秘性を維持しながら，セッションに参加するための実際的な援助を含めて，治療のための協力を得るなど，家族のソーシャルワーカーと密接に仕事をすることが非常に重要であった。振り返ってみると，そのプロジェクトに参加した家族の多くに見られた混乱の程度は，私たちが予期していなかったものであった。このグループが，性的虐待が起きた家族の全範囲を表しているのかどうか私たちにはよくわからない。

例 1

“ジェーン”は 13 歳の少女で，家族の友人から長年に渡り性的に虐待されていた。そして，親に定期的にセラピーに連れて来られていた。両親は性的虐待の発覚によって深刻なトラウマ経験をしており，家の外での娘の性的な行動と家の中での挑戦的な行動に耐えるのをとても難しく感じていた。ジェーンが再び年上の男性と関わっていることに気づいたのは，学校とソーシャルワーカーだった。ジェーンは挑発的な行動のために退学となり，心理療法を受けている間に複数回の自殺企図があった。このような外的な出来事がセラピストに知らされ，親のセラピストと子どものセラピストはジェーンを援助する際に外部の諸機関と協働することは必要不可欠であった。こうしたことはいつも容易とは限らなかった。というのは，ジェーンの両親は，公共機関から攻撃されたり批判されたりしていると感じることが多く，ジェーンの行動に耐えるのはとても難しいと感じていたからである。ジェーンと親の間の葛藤はしばしば専門家のネットワークに反映され，この家族を援助するためには，そのことが理解されコンテインされる必要があった。

例2

“アン”は10歳で，幼い頃から父親に性的に虐待されてきた。セラピーに紹介されたとき，彼女はすでにソーシャルサービスの保護下にあり，その地域の保護施設に住んでいた。そのホームの職員たちはとても面倒見がよく，アンの状態に気を配っていた。しかし，アンは下校途中に週に数回，父親を訪ね続けており，父親へのアタッチメントが依然として強いことを職員は知り，危機感を覚えた。そのときまで，アンが父親との別れにどれほどの痛みを感じているのかを職員たちは気づいてはいなかった。職員たちは虐待に強い不快感を抱いていたので，アンの父親への継続的なアタッチメントを理解し難いと感じていた。また，アンを守りたいと強く思っていた。職員たちにはスペース[注32)]が必要であり，それは研究プロジェクト

注32）子どもや家族との臨床に携るときに，臨床家に生じるさまざまな感情がもつ心理的，および臨床的な意味やチーム内の力動などについて考えるための時間，そして，心の中の空間のことを意味している。

のケアワーカーによって与えられた。そして，父親への強く肯定的なアタッチメントと，それゆえに父親と会うのを妨げようとする職員たちに対するアンの怒りを認識できた。アンの痛みは見かけ上の落ち着きと従順さの裏に隠されているために，職員たちはその状況がアンにとっては辛いということに触れ続けるのを難しいと感じることもあった。

性的虐待を被ってきた子どもの心理療法は，耐えられないほどの大きな痛みを掻き立て得る。このプロジェクトで子どもたちは時々非常に抑うつ的になった。また，非常に問題のあるやり方で行動化したり，そのような感情と向き合うことになる心理療法に来たがらなかったりすることもあった。そのような状況では，子どもが心理療法を続けるチャンスがあるようであれば，親や地域の専門家たちは子どもの抵抗の意味をできる限り理解する必要があった。関与しているすべての機関は，子どもが心理療法に来ることを嫌がっても，治療の重要性を認識し，協働する必要がある。心理療法とこのプロジェクトの外の世界との橋渡しをするのを手伝う要となる人物は，通常，子どもの養育者のワーカーだった。

トラウマの衝撃

性的虐待の発覚に引き続いて生じる，家族を取り巻く動き，懸念，混乱のすべてにおいて，子どもに焦点を当てることが必要である。子どもの安全を確信するための判断基準が必要だが，本プロジェクトでの経験で私たちは，虐待を行っていない親が経験しているトラウマにも注目した。パートナー（あるいは家族に近い者）によって自分の子どもが虐待されていたと知ることは，受け入れ難いことである。子どもの心理療法が始まるとき，母親にとってもその出来事の衝撃について考える機会があるが，大抵の場合，それは初めての機会である。性的虐待に関することの秘密性，そして，母親は恥や罪悪感を強く抱いており，友人や家族のサポートや彼らとのコミュニケーションという通常の道筋は失われている。親どうしは互いに話すことができないし，虐待を取り巻く大人と子どもの間でコミュニケーションはほとんど生じない。こうした状況では，母親は何が起きたのかを考え，この出来事がもたらしたショックについて認識するスペースが必要だ。虐待の発覚を取り巻くすべての動きの真っただ中では，母親の感情は麻痺し，脇に置かれることがしばしば生じる。あるいは，虐待の衝撃にあまりに圧倒されて，子どもの言うことを聴くことができないこともある。トラウマとそれにまつわる圧倒された感情を認識することがきわめて重要である。こうしたことが認識されて，時間とスペースを与えられて初めて，母親は再び考え始め，そのかけらを拾い集めて，起きたことの衝撃に何とか対処し始めることができる。

例3

“ブラウン”夫人は4人の幼い子どもたちの母親で，末子の4歳の娘が夫によって虐待されていることに気づいた。夫人はショック状態で調査に協力し，法廷手続き進め，夫は家を出て行った。夫人はひどく動揺してしまい，子どもたちとは話をすることができず，子どもたちは何が起きているのかすっかり混乱した状態のままであった。ブラウン夫人は子どもたち，家，家計，すべてのことを決めていくのに，初めて自分だけで対処することになった。セラピストがブラウン夫人と子どもたちに最初に会ったとき，セラピストに対しても家族どうしでも，家族の誰も何が起きたかについて話すことができなかった。それぞれが孤立していて，悲しそうで，抑うつ的だった。虐待については話されず，子どもたちの父親の喪失，母親自身の苦痛という状況で，夫人は子どもたちの混乱や不安に触れることができなかった。虐待について沈黙することで，起きていることの力動についてのどんな考えも，まったく動きが止まっていた。ブラウン夫人は子どもたちが彼らの感情に対処するのを手助けする前に，自分の感情を整理するために，また，もっと自信をもった親役割を取ることができると感じるために，そして，自身の抑うつ感や無価観に取り組むために，自分自身の時間が必要だった。

例 4

“ジョーンズ”夫妻は，青年期の娘が家族の親しい友人から何年にも渡って性的に虐待されていると教師に話したということを学校から知らされた。娘が仲間たちとうまくいっていなかったり，仲間との不適切な関係に巻き込まれたりしていることには気づいていたが，夫妻が信頼していた人物についてのこの告白に非常に驚いた。深いショックと怒りゆえに，夫妻は娘と虐待について話すことができず，それをなかなか信じられず，親戚関係の混乱に直面した。両親ともにショック状態で，考えることができず，起きたことが自分たちの生活に与える衝撃にもがいた。虐待は夫妻の関係も圧迫し，過去の問題が思い出され，自分たちの結婚生活や親としての能力に疑問を抱くに至った。

虐待がこれらの家族にもたらしたことについて考えていくためには，トラウマが認知され，スペースが与えられねばならなかった。

家族史とアタッチメントに関する事柄の重要性

本プロジェクトの子どものアセスメントインタビューのとき，虐待と家族史の詳細な記述と並んで，親／保護者の面接があり，成人のアタッチメントインタビューも行われた（Goldwyn & Main, 1996: この非構造的なインタビューは主体の過去の重要な人物との関係性と分離と喪失についても探索する。インタビューの分析は会話の分析を通して行う。)。アセスメントに引き続いて，子どもたちにはグループ心理療法か個人心理療法のいずれかがランダムに割り当てられる。親／保護者が面接に来ることができる頻度によって決定がなされた。子どものグループと並行して，週 1 回の親／保護者グループのセッションに参加する人たちもおり，最大 18 セッションが設けられた。子どもの個人心理療法に並行して，週に 1 度のセッションに合計 30 回参加する親／保護者たちもいた。2 週間に 1 度，あるいはそれ未満の頻度で参加する人たちもいた。少女たちの約3分の1は里子であり，生みの母親と里親がグループで顔を合わせるのは助けになるとは思えないため，割り振りに影響を与えた。心理療法の開始から1年後と2年後に子どもと親／保護者の両者がフォローアップ面接を受けた。

悲しいことに，多くの家族にとって性的虐待は新しい事象ではなく，世代を超えて虐待が起きていた。母親たちは自身が受けた性的虐待，未解決の喪失，ネグレクト，身体的および情緒的虐待について話した。このような経験の結果，母親たちは自分の価値をほとんど感じず，過去のパターンを繰り返し，虐待的で暴力的な男性と結婚することが多かった。このような女性たちにとって，自身の子ども時代の経験は，自分の子どもたちの虐待によって再び呼び覚まされ，そのために，子どもについて考える能力は多くの場合押さえつけられる。虐待が人生において継続的で予測可能なパターンという人たちもいた。母親の人生において信頼できるアタッチメント対象という感覚がない場合，子どもに安全基地を与えることは非常に難しい。自身の過去の未解決なトラウマや虐待に囚われているように見える人たちもいた。自身の苦悩について考えるためにセッションを使うことができ，子どもの経験や情緒的なニーズにより応えられるようになる人たちもいた。

例5

“ヘレン”は13歳の少女で，家族の友人による，性交は伴わない一時的な虐待を受けた後，ソーシャルワーカーによって本プロジェクトに紹介された。両親のひどい別れの後，ヘレンは母親と暮らしていた。母親は娘が虐待されたことに非常に心をかき乱され，自身のワーカーとの関係を維持することができず，ヘレンの個人心理療法も維持できなかった。ヘレンの虐待が引き金となり，母親はネグレクトや身体的虐待を受け，暴力的な結婚に囚われ，子どものためには何もできない両親のスケープゴートであった自分自身の子ども時代の思いに圧倒された。そのような迫害感により，母親はヘレンの抑うつやニーズという現実について省みたり，考えたりするためのスペースを使うことができなかった。

本プロジェクトに参加している多くの親たちはトラウマを負った経験をもち，子どもたちの性的虐待は親たち自身の過去の虐待やトラウマを呼び覚ますものであった。多くの親たちはひとり親であり，自身の家族から孤立しており，アタッチメントは常に損なわれていた。このような母親たちは，ひとり親として両方の親役割を担うことに苦闘していた。しかしながら，本プロジェクトの中で，かつての虐待的なパートナーとの関係性を繰り返さず，新たな関係性を作り始めることができた母親たちもいる。子ども時代の困難で虐待的な経験にもかかわらず，多くのケースでは，母親たちはヘレンの母親よりは幸運であり，思いやりがあり重要なアタッチメント対象もいた。

例６

“クレア”は９歳で，祖父からの深刻な虐待ゆえに紹介された。クレアの行動は非常に混乱しており，子どもの集団に受け入れられることは難しかった。クレアの母親も子どものときに家族の中で性的虐待を受けていたので，非常に動揺し，強い罪悪感を抱いていた。母親は叔父から虐待され，彼女の母親は彼女を見捨てたが，クレアの母親は祖父母への親密なアタッチメントについて述べた。祖父母はクレアの母親ときょうだいを引き取り，母親は祖父母の老後を愛情深くお世話した。母親とクレアの父親との関係は暴力的であったが，こうしたパターンを繰り返さないパートナーとの新しい関係が始まった。母親は自身の虐待体験，罪悪感，クレアの虐待についての感情を話すために親グループを使うことができ，子育てについて振り返ったり考えたりすることができた。母親はまた，新しいパートナーがクレアのために明確な境界線を引くのを離れて見守ることができた。

本プロジェクトの母親が，子どもを育てるにあたって，そして，子どもの心の中に両親カップルのポジションを再確立するのを助けてくれ，後ろ盾になるような新しいパートナーを持つ場合，子どもの行動と母親の自己肯定感の両方に大きな変化が生ずることが多い。母親は自身の罪悪感に対処し，自身の親役割を再確立し，大人の性的関係に満足するという自分の権利をもてるようになる。非常に混乱した人生にもかかわらず，クレアの母親は子ども時代によいアタッチメントをもっており，自身の子どもに情緒的に役立てることができたことは，意義深いと思える。

子育てに関すること

性的虐待を受けた子どもたちは深刻な行動化を呈する。そのような行動はさまざまな形をとる。不適切な性的行動を取ることもあるし，深刻な引きこもり，抑うつ，自尊心の欠如もある。本プロジェクトに参加した多くの子どもたちにとって，性的虐待は彼女たちの困難な人生の一部でしかなく，他の虐待や剥奪も経験していることが多い。子どもたちの中には家族から離された者もいて，セラピーの間は里親家庭や施設で生活していた。非常に混乱し問題の多い子どものために，里親が長期のケアを提供していることもあった。経験のあるこうした里親たちは子どもたちに深く関わり，うまく対処していた。それでも里親たちは，子どもの心理療法と並行して行われる里親養育者のワーカーのサポートに非常に価値を置いており，子どもの人生の複雑さや子どもの行動によって起きる事柄について考える機会があることに感謝していた。里親たちは，子どもは虐待されて心的に傷つき，親に対して今でも強い感情を持ち，子ども自身のアィデンティティ感覚にとって重要な存在である親を失っていることに気づいていた。里親たちは，子どもの生みの親への感情と，過去についての感情が子どもには大切だと認識することができていた。子どもの現在の行動を過去の出来事の観点から理解しコンテインしようとし，過去には欠けていたしっかりとした境界を与えることができた。たとえば，里母は自分に向ける子どもの怒りや拒否的な行動は，虐待のこと，そして，自分を守ることができなかったことで責めている自身の母親に対する子どもの怒りの投影である可能性について考える必要があった。里親たちは，子どもが自分たち里親の限界を試そうとして，しばしば生じる奇妙で攻撃的な行動や不適切な性的行動によって家族が影響を受けるとき，過去と関連させて考えることが必要だった。里親はまた，子どもが過去について話したいとき，里親は聴くことができる人であることに子どもが気づけるようにするにはどうしたらよいのかを知る必要があった。同時に，特に里父や家族の中の子どもたちに大きなプレッシャーを与える性的な行動にはしっかりとした境界が求められていた（Elton, 1988）。

面会訪問で子どもの親と接触するとき，里親は子どもと親の両方に適切に対応できることが必要であった。実際，非常に多くを求める親たちは，里親に向けて理解や支援を求めた。しかしながら，面会訪問の頻度や内容にも境界が必要であった。性的虐待が引き起こす極度の嫌悪感があるならば，虐待者が子どもの重要なアタッチメント像として見られていたり，ネグレクトの母親が子どもの心の中では大切にされていたりという事実を里親が理解し，それに耐えるのは難しいだろう。

例 7

“グリーン”夫妻は養子縁組を視野に子どもを里子として養育するのを待っていた。そして，最近，“マーティン”と“デビー”という 11 歳と 7 歳の子どもたちを，デビーが本プロジェクトに紹介されてきたときに引き取った。夫妻は思慮深いカップルであり，自身の子どもには恵まれなかった。夫妻は専門職についており，快適な住まいとライフスタイルをもっていた。

マーティンとデビーは深刻なネグレクトのために保護されていた。デビーは父親と数人の者たちによる酷い性的虐待の供述を行っていた。母親は虐待に気づいていたときもあったようだった。グリーン夫妻のところに子どもたちがやってきたとき，多くの問題があった。子どもたちの行動は性的であり，非常に混沌としており，注目を浴びたがり，お互いをライバル視しており，新しいルーティーンや異なるライフスタイルに適応するのが難しかった。しばらくの間は，すべてはうまくいき，二人とも新しい学校に適応しているように見えた。本プロジェクトへの紹介時，里親は移行時の子どもたちのための援助と，自分たちのためのサポートを求めていた。

デビーが週１回の心理療法に来るとき，並行して里親たちにも面接が行われた。しばらくの間，すべてはうまくいき，デビーは心理療法という新しい状況に好反応を示し，喜んで来ているように見えた。里親はプロジェクトのワーカーと，どのように子どもたちが慣れていくかとか，生じているいくつかの問題を話し合い，提供されている特別なサポートに満足していた。子どもたちの行動のいくつかをやっかいだと夫妻は思っていたが，事態はうまくいっているように思えた。新しいルーティーンに慣れていき，家族内や親せきたちとの新しい関係に適応していくために多くのことが考えられ，努力がなされた。

心理療法が進んでいくにつれて，デビーは過去のつらい感情により触れるようになった。二人の子どものうち，デビーの方が母親に近く，喪失と拒絶されたという感覚を強く感じていた。デビーの心の中では母親は自分を愛し求めており，母親はデビーからの連絡には返答しなかったが，母親に連絡することを切に望んでいた。デビーはまた，自分が虐待を打ち明けたために，兄と自分が家から出なければならかったことに罪悪感を抱いていた。デビーは里親宅で不安定になり，暴力的で苦しめるような出来事でもって，グリーン夫人を激しく拒絶していた。同時に，グリーン氏をかなり性的に挑発し，こうした行動によってカップルの間に強い緊張を作り出そうとした。

夫妻は相当なジレンマに陥った。グリーン夫人はデビーに個人的に拒絶されているとますます感じるようになり，耐え難く感じていた。グリーン氏もグリーン夫人も性的な行動に対処するのを難しく感じていたが，夫妻自身の過去の経験から，しっかりとしたルーティーンや基準を信じていた。同時に，子どもたちのことを気にかけ，もちこたえたいと思っていた。しばらくの間，この里親里子という関係は危険にさらされているように見えた。夫妻は里親養育者のワーカーへの怒りを表し，デビーの悪化について心理療法を非難した。夫妻の養育を支えるために多くのワークがなされる必要があり，非常に難しい行動にどのように対処するかについてあまねく考えられた。しかしながら，最も不可欠だったのは，子どもたちにとっての過去の体験の重大さ，そして二人の心の中にある生みの親の重みに注意を向けることであり，その結果，夫妻はデビーの憤怒の源を見ていくことができた。

この例では，里親たちが受けていたサポートによって，そしてデビーの行動は過去からの置き換えの部分もあることをより理解していくことによって，里親里子という関係は継続することができた。しかし，デビーと里親には将来的にさらなる援助が必要だということが明らかになった。

そのような状況では，養育者のワーカーは危機感を保持し，理解を深め，コンテインすることによって，子どもの治療の継続が可能になるという希望をもつことが必要だ。ワークは，ワーカーと養育者との間に築かれている信頼感と，治療の設定内で家族が引き起こす不安を保持し取り組んでいく養育者のワーカーと子どものセラピストの能力の両方に依っている。ワーカーとセラピストの双方は強力な投影を保持しており，それは家族内の力動を映し得る。心理療法が進むにつれて，ワーカーたちはコミュニケーションパターンを発展できることが重要である。それは激しい不安をコンテインし，セラピストが子どもを理解する助けになるどんな情報にも気づいていくことにもなる。とはいえ，家族，あるいは治療の決裂の危機の際には，ワーカー間の綿密なコミュニケーションが必要不可欠だ。性的虐待を受けた子どもたちの家族とのワークはきわめてストレスフルだということは認識されているため，本プロジェクトではすべてのワーカーへの定期的なスーパービジョンが設定されていた。危機のとき，チーム全体の話し合いがもたれ，家族に直接関わっていない専門職の者が司会をし，そのおかげで，生じている投影の可能性やプロセスについて自由に考えることができた。さらにまた，家庭あるいは学校での危機のとき，ワーカーたちは地域の他の専門家たちと一緒にケース・カンファレンスに参加することが重要かどうかを決めることができた。そうしていく中で，外部のワーカーたちのストレスに満ちた役割や協働する必要性を認識し，子どもたちの安全や最大の利益を保証することができた。

家族の諸問題（family issues）

本プロジェクトにおける私たちの経験では，性的虐待は，数多くの不幸に苦闘している家族にとっては数ある問題のうちの一つであった。性的虐待は家族関係の他の深刻な問題と重なることが多く，注目されやすい。この極端な例は，きょうだいによって虐待の申し立てがなされるときであった。そこでは，親の反応は二極化することが多く，加害者か虐待されていたと申し立てた子どものいずれかが家から出ていくことになり，残った子どもは強力に守られることになった。このような激しい投影のいくつかを理解し，家族の中にある苦痛を伴う他の問題について考え，家族力動に変化をもたらすためにワークしていく可能性は，養育者のワーカーが親の傷つきやすさに触れながらも信頼感を保持しつつ，親とワークし続けることができるかどうかに，かなりの程度かかっていた。

例8

“メアリー”はかわいらしい6歳の女の子で，12歳の兄による性的虐待の疑いのために本プロジェクトに紹介された。両親は息子の行動に激昂し，彼は里親に引き取られた。両親の話によると，息子について話せる良いことは何もなく，彼はずっと問題を起こしていたとのことだった。両親を最も感情的にさせたのは，もし話したら殺すと息子がメアリーを脅していたということだった。今ではメアリーは一人で寝室に行くのを怖れ，その結果，両親と一緒に寝ていた。メアリーはほとんど話さないが，両親のお気に入りの子どもとして家族の中で影響力の強い役割を独占しているように見え，兄が家から出て行かねばならなかったことにも平然としていた。両親は心理面接を受けている間もずっと，息子についての考えはほとんど変化しなかった。

両親は脆弱なカップルであり，原家族からも公的機関からも批判されていると感じていた。地域のソーシャルワーカーと会うことも息子が家の近くに来るのを許可することも拒否していた。けれども，徐々にプロジェクトは中立的な場所だと見なすようになり，問題の多い結婚生活や両親自身の子ども時代のネグレクトや虐待経験について話すことができた。ワーカーは両親と一緒にメアリーの子育てに関する事柄について考え始めることができた。たとえば，家族の中にコンテインされていない強力なエディプス的な感情があることが明らかになり，性愛についてのあらゆる考えが息子と一緒に追い出されているようだったので，メアリーを自分の寝室に戻すことについて話し合われ始めた。

きょうだいが虐待しているという子どもの話が信じられない場合は，家を出なければならないのは虐待された子どもとなる家族もあった。そのような場合，家族の中では驚くほどコミュニケーションが不足していたり，虐待について，そしているべきなのにいない子どもの不在についてさえも，話したり考えたりすることができないことはよくあった。家族面接は成立しなくても，何が起きているかについての力動を理解し，不安，怒り，罪の意識，絶望感をコンテインするのに取り組むために，子どもとの，そしてそれとは別に親たちとのワークが必要とされていた。

そのような機能不全の家族においては，感情は極度に二極化し，原始的な防衛が優勢になり，逆転移の中でセラピスト自身も強い投影感情に影響されやすく，絶望感にも囚われやすい。家族の対立や葛藤はクリニックの中のワーカーたちの間，そしてその家族と関わっている専門家たちのより広いネットワークの中でも反映され得る。そのような家族とのワークでは，ワーカー自身が強力な逆転移感情に対処したり，理解したりしていくのに苦労しながらも取り組むことが必要である。そして，ワーカー間のそのような葛藤的な感情が理解されるとき，家族間の力動について明確になることもある（Bacon, 1988)。

文化的な事象

家族内で生じた子どもの性的虐待の治療の際，文化，つまり男性や女性に伝統的に割り当てられた役割や，その文化の中での性愛の位置づけに関して深く維持されてきた慣習やルールを考慮しなければならない。親たちと話すとき，起きたことに含まれていることについての親たちの理解に開かれていることが重要である。たとえば，父親が子どもを性的に虐待していたことをほのめかすと，追放されたり生命の危機にさらされたりするかもしれない社会もある。子どもは取り消せない汚れや傷がついたと見なされ，将来が絶望的かもしれない。性愛のようなテーマは，そのコミュニティや家族の外部の誰にも話せることがないというのがルールかもしれない。その家族が，性愛に対して異なる態度をとる，より寛大なコミュニティ内に住んでいるときには状況はより複雑になる。そのような場合，家族は２つの文化，２つのルールのはざまにいるように感じるだろう。そのため，たとえば，青年期の性愛の表現が意味することや，家族内の関係に起きていることについての理解が意味することには微妙な差異がある。

ワーカーの治療的な役割

性的虐待に対応する臨床現場では，親ワーカーにはワークの多様な面をまとめて保持するという難しい役割がある。ワーカーは，子どもの治療と子どもとの分析的なワークの間の境界を心に保持する必要がある。ワーカーの仕事には，たとえば，さらなる虐待から子どもの安全を守ること，親子関係や子育てに関する事柄，家族について懸念している他のワーカーたちとコミュニケーションをとることなどがある。

多くの研究が強調しているのは，性的虐待の発覚後の母親のサポートと子どもを信じることがきわめて重要だということである（Everson, Hunter, Runyon, Edelson, & Coulter, 1989; Green, Coupe, Fernandez, & Stevens, 1995; Newberger, Gremy, Waternaux, & Newberger, 1993）スグロイとダナ（Sgroi and Dana, 1981）は，母親たちの個人療法，そしてグループ治療について書き，母親たちの貧困，低い自尊心，信頼の欠如，孤立について述べている。母親たち自身がネグレクトや虐待を受けたという過去の歴史があり，結婚生活にほとんど満足しておらず，母親たちは自分自身の身体とのつながりがない感覚や性愛についての困難さをしばしば抱いている。このような心の状態は，意識的あるいは無意識のうちに成人の不適切な性的役割に子どもを置くことにつながる。子ども時代に性的に虐待された女性たちは，そうした記憶を抑圧するか，解離するか，あるいは，記憶を隔離しておく他の方法をとることによって，多くの場合は対処している。虐待の世代間連鎖を断ち切るために，似たような状況にある子どもたちにこうした母親たちが応じられるようになるためには，母親たち自身の虐待された経験について考えられるように，ワーカーが対応でき，役立つ必要がある。

例９

“クローディア”は６歳で，父親による性的虐待のために，本プロジェクトに紹介された。父親はかなり辛らつで，家を出ていた。最初，クローディアの母親は非常に狼狽し，心的状態も混乱しており，虐待の発覚によりショックを受けていて，娘の苦痛に対処できそうにないと感じていた。母親にはサポートとコンテインメントが必要であり，セッションを母親の不安と絶望感でいっぱいにしがちだった。

娘と母親との間の境界が欠けており，分離性も不適切に欠けていることがますます明らかになり始めた。ワークで日々のマネージメント的なこと，母親とクローディアの関係性と，結婚と虐待についての母親自身の感情について焦点化されるにつれて，母親は抑うつ感や，自身の空虚感や絶望感といった内的な状態により触れるようになった。そうした中で，母親は自身の子ども時代の性的虐待の解離されていた記憶に気づき始めた。セッションでは，苦痛を伴う記憶が取り上げられ，母親自身の虐待についての詳細が言語化され，記憶をたどり，それぞれの記憶に感情をつなげていくことがなされた。治療的関係という安全な中で，母親はそうした経験を再体験しているようであり，考えられないことを考えているように感じられ，セッションは耐えがたく感じられた。クローディアの母親は，自身の父親には虐待に対して，母親には不在とよそよそしさに対して，両親への憤怒に言及した。母親は，自分自身という感覚にダメージを受けたことや，彼女自身の性愛がダメージを受けたことに，より大きな痛みを伴いながら気づいていった。それに伴い，自分の人生で繰り返されたことが現在の日々でも起きているという現実により触れるようにもなった。たとえば，パートナーの選択，結婚生活における不感症，子どもの性的虐待などである。時折，母親は抑うつに圧倒されてしまいそうになったが，子どもを別の人間として考えることや，自身の虐待とは分けて考えることが，よりできるようになった。

このワークのワーカーへのインパクト

性的虐待を受けた人たちとこのようなやり方でワークすることは，ワーカーの中に強い感情を喚起し，考える能力が阻害されることが起きる。投影された虐待の痛みに触れることは重要な一方で，耐え難い感情のコンテイナーとして行動できることも重要である（Kenedy, 1996）。虐待それ自体の侵襲性，子どもたちの人生に与えられた深い衝撃，なされたことのダメージ，そこに含まれる感情の強さはきわめて耐え難く，パートナーとしてや親としてのワーカーの日々の個人的な経験にも影響する脅威となり得る。過酷な状況で仕事をすることは，また，ワーカー自身の過去の虐待的な出来事の記憶を掻き立てることもあり，取り組むことを困難にする。私たちは，本プロジェクト全体を通してワーカーたちのサポートやスーパービジョンの必要性に十分気づいていた。それは，その家族たちについて考えるためだけではなく，ワーカーに及ぼすインパクトや情緒面での健康も心に留めておく必要があるためである。

男性の役割とパートナーの役割

性的虐待に取り組むには，有害で悪い性愛の経験について絶えず考えることになる。本プロジェクトの非常に多くの女性たちは，子ども時代の虐待経験に続いて，虐待をするようなパートナーを選択していた。それゆえに，過去の虐待の経験を強化し，男性は虐待的であるというイメージを容易に追認していた。男性を潜在的に虐待者と見なす投影に絶えずさらされているために，ワーカーたちは簡単に共謀しがちである。

しかし，母親たちがそうした状況にとどまらず，虐待的ではない異なるタイプのパートナーを見つけることもあった。その場合，パートナーは子育てという難しい役割の中で，母親を援助することに積極的に関与していた。たいてい，そのような新しいパートナーは，しっかりとした境界を作り，子どもの苦痛や怒りにもちこたえ，子どもとよい関係を築くことで，母親自身の過去の虐待や子どもの虐待に対する罪悪感によって能力を発揮できなくなっている母親を助けることができた。こうした状況では，パートナーの役割を認識し，確認することが重要であった。そのことによって，世代間の虐待の連鎖やさらなる虐待は避けられないという仮説を断ち切ることが可能であった。温和な父親像を伴う，大人どうしの適切な関係が再び示されることは，最初は子どもにとっては耐え難いが，変化，そして，子どもが自身の人生を自由に生きていくための潜在力を有している。

母親たちのためのグループ

本プロジェクトでは，私たちは二つのモデルを用いた。ほとんどの養育者たちは個人，あるいはカップルで面接を受けたが，子どもたちのグループと並行して，親たちのグループもあった。これらのグループはサポートグループをモデルに運営された。親たちは虐待の衝撃の経験を共有し，怒りや苦痛を認識し，パートナーや子どもとの関係について考えることが可能になった。ヒンデブランドとフォーブス（Hindebrand and Forbes, 1987）は，そのようなグループについて書き，性的な虐待を受けた子どもたちの母親の無力感，自己肯定感の低さ，そしてグループセッティングの中で，こうした事柄に取り組むことの価値について述べている。私たちの親グループには２名のリーダーを配置したが，それは喚起されると想定される感情の強さに気づいていたからだ。私たちはまた，里親と生みの親が一つのグループで一緒にワークをすることは難しいだろうと考え，グループの同質性を保つことの重要性にも気づいていた。親たちの経験はグループセッティングの中で共有されるだろうし，母親たちはグループの中では孤立したと感じることは少ないだろうが，より要求の多い母親たちは，個人的な注目を得ることなしにグループセッティングを使うのは難しく，それはグループプロセスを壊し得ることもわかった。たとえば，グループの中で，母親たちの中には自身の子ども時代の虐待体験を初めて開示した人もいた。他の人たちの子どもに起きたことについての強い感情を抱いている親もいたため，グループ内の感情は激しくなりかねなかった。同時に，グループセッションは，経験を共有するための貴重な時間でもあり，虐待によって汚名を着せられたという感情が和らぎ，子育てに自信を得ていくことになった。

結び

性的な虐待を受け，心理療法を受けてきた子どもたちの親や養育者とのワークについて論じる中で，私は本研究プロジェクトの経験について記述してきた。プロジェクトでは短期の介入が子どもと親に提供され，最長で30セッションの個人療法が行われた。そして，高い割合の家族で，性的虐待にはネグレクトや身体的および心理的虐待の歴史があったことがわかった。こうした家族の多くは通常はクリニックにはやって来ず，地域のソーシャルワーカーの支援によって彼らの参加が可能になった。里親家庭や養護施設にいる子どもたちもおり，子どもの心理療法に並行した養育者とのワークは里親たちと，そして時には子どものソーシャルワーカーと行われた。

セラピーの終結の1年後および2年後に子どもと養育者にフォローアップ面接を行ったところ，そのような短期の介入が助けになるものとして経験されたことがわかった。ストレスでいっぱいだったときに非常にサポートになったと感じた人たちが多くいた。短期介入で十分だった人たちもいたし，より長期の心理療法を継続した人たちもいた。子どもの心理療法と並行した親とのワークが重要な役割を果たしていたことは確かであった。それは子どもの心理療法を維持し，虐待のトラウマによる親の苦悩をサポートし，コンテインし，親自身の子ども時代の経験との関連や，多くの場合，非常に動揺したり混乱したりしている子どもの親が直面する養育問題について，考えるスペースを与えた。もし親たちが支援を受けることができて，子どもの虐待と母親自身の子ども時代に起きたことの両方に関わる，自身の感情のいくつかを解きほぐしていくことができれば，母親たちは子どもを援助することが情緒的により可能になり，性的虐待の経験を乗り越えることができ，母親自身の人生を自由に生きていけるだろう。私たちはそう望んでいる。

文　献

ACP (1998). *The Training of Child Psychotherapists: Outline for Training Courses.* London: Association of Child Psychotherapists.

Alexandridis, A (1990). Distorsion du pictogramme dans l'autisme infantile précoce. *Topique, 46*: 295-300.

Alexandridis, A (1997). Paniques dans les psychoses infantiles. *Le fait de l'analyse,* 3: 51-60.

Alvarez, A (1992). *Live Company: Psychoanalytic Psychotherapy with Autistic, Borderline, Deprived and Abused Children.* London: Routledge.（千原雅代・中川純子・平井正三訳（2002）こころの再生を求めて―ポスト・クライン派による子どもの心理療法．岩崎学術出版社）

Anzieu, D. (1974). Le moi-peau. *Nouvelle Revue de Psychanalyse, 9*: 195-208.

Armbruster, M. A, Dobuler, S., Fischer, V., & Grigsby, R. K. (1996). Parent work. In: L. Lewis (Ed.), *Child and Adolescent Psychiatry: A Comprehensive Textbook.* Baltimore: Williams & Wilkins.

Aulagnier, P. (1975). *La violence de l'interpretation: du pictogramme à l'enonce.* Paris: Presses Universitaires de France.

Bachelard, G. (1972). *La formation de l'esprit scientifique.* Paris: Vrin.

Bacon, R. (1988). Countertransference in a case conference: resistance and rejection in work with abusing families and their children. In: G. Pearson, J. Treseder, & M. Yelloly (Eds.), *Social Work and the Legacy of Freud.* London: Macmillan.

Barrows, P. (1995). Oedipal issuesat 4and 44. *Psychoanalytic Psychotherapy, 9* (1) :85-96.

Benedek, T. (1959). Parenthood as a developmental phase. *Journal of the American Psychoanalytic Association, 7*: 389-417.

Bettelheim, B. (1967). *The Empty Fortress: Infantile Autism and the Birth of the Self.* New York: Free Press.（黒丸正四郎訳（1973）自閉症・うつろな砦〈1〉〈2〉．みすず書房）

Bibring, G., Dwyer, T. F., Huntington, D.S., & Valenstein, AF.（1961）. A study of psychological processes in pregnancy of the earliest mother-childrelationship. *Psychoanalytic Study of the Child, 16*: 9-27.

Bion, W. R.（1961）. *Experiences in Groups and Other Papers.* London: TavistockPublications.（ハフシ・メッド監訳，黒崎優美・小畑千晴・田村早紀訳（2016）集団の経験―ビオンの精神分析的集団論．金剛出版）

Bion, W.R.（1962a）. A theory of thinking. *International Journal of Psycho-Analysis, 43*: 306-310. Also in: *Second Thoughts.* London: Heine-mann,1967 [reprinted London: Kamac Books, 1984].（松木邦裕監訳（2013）新装版　再考：精神病の精神分析理論．金剛出版）

Bion, W. R.（1962b）. *Learning from Experience.* London: Heinemann [reprinted London: Kamac Books, 1984].（福本修訳（1999）精神分析の方法 I 〈セブン・サーバンツ〉．法政大学出版局）

Block Lewis, H.（1987）. Shame and the narcissistic personality. In: D. L. Nathanson（Ed.）, *The Many Faces of Shame.* New York: Guilford Press.

Blos, P. J.（1985）. Intergenerational separation-individuation. Treating the mother-infant pair. *Psychoanalytic Study of the Child, 40*: 41-56.

Brazelton, T. B., & Cramer, B.（1990）. *The Earliest Relationship.* Reading, MA: Addison; Wesley [reprinted London: Karnac Books, 1992].

Brentano, F.（1874）. *Psychology from an Empirical Standpoint.* London: Routledge,1995.

Bydlowski, M.（1991）. La transparence psychique de la grossesse. *Etudes Freudiennes, 32*: 135-142.

Caplan, G., Mason, E. A, & Kaplan, D. M.（1965）. Four studies of crisis in parents of prematures. *Community Mental Health Journal, 1*: 149-161.

Carlberg, G.（1985）. *Psykoterapi med forsldrar till psykotiska barn* [Psycho-therapy with parents of psychotic children]. Stockholm: Svenska fsreningen fšr psykisk hšlsovrerds, Monograph No. 21.

Chaffin, R., & Winston, M.（1991）. Conceptions of parenthood. *Journal of Applied Social Psychology, 21*: 1726-1757.

Churchill, D.（1972）. The relationof infantile autismand early childhood schizophrenia to developmental language disorders of childhood. *Journal of Autism and Childhood Schizophrenia, 2*: 182-197.

Copley, B.（1987）. Explorations with families. *Journal of Child p sychotherapy, 13*(1): 93-108.

Cramer, B.（1993）. Are postpartum depressions a mother-infant relationship disorder? *Infant Mental Health Journal, 14*（4）: 283-297.

Cramer, B.（1995）. Short-term dynamic psychotherapy for infants and their parents. In: K. Minde（Ed.）, *Child and Adolescent Psychiatric Clinics of North America, 4*(3): 649-660.

Cramer, B.（1998）. Mother-infant psychotherapies: a widening scope in technique. *Infant Mental Health Journal, 19*(2): 151-167.

Cramer, B., & Palacio-Espasa, F. (1993). *La Pratique des psychotherapies méres-bébés.* Paris: Presses Universitaires de France.（小此木啓吾・福崎裕子訳（1994）ママと赤ちゃんの心理療法．朝日新聞社）

Daws, D. (1989). *Through the Night: Helping Parents and Sleepless Infants.* London: Free Association Books.

Dawson, G. (Ed.) (1989). *Autism: Nature, Diagnosis, and Treatment.* London: Guilford Press.（野村東助・清水康夫監訳（1994）自閉症―その本態、診断および治療．日本文化科学社）

Elton, A. (1988). Working with substitute carers. In: A. Bentovim, A. Elton, J. Hildebrand, M. Tranter, & E. Vizard (Eds.), *Child Sexual Abuse within the Family: Assessment and Treatment* (pp. 238-251). London: Wright.

Emde, R. N., & Sorce, J. E. (1983). The rewards of infancy: emotional availability and maternal referencing. In: J. D. Call, E. Galenson, & R. Tyson (Eds.), *Frontiers of Infant Psychiatry, Vol. 2.* New York: Basic Books.

Everson, M., Hunter, W., Runyon, D., Edelsohn, G., & Coulter, P. (1989). Maternal support following disclosure of incest. *American Journal of Orthopsychiatry, 59*(2): 197-207.

Fenichel, O. (1946). *The Psychoanalytic Theory of Neurosis.* London: Routledge, 1990.

Fonagy, P., & Target, M. (1996). Predictors of outcome in child psychoanalysis: a retrospective study of 763 cases at the Anna Freud Centre. *Journal of the American Psychoanalytic Association, 44*: 27-73.

Fraiberg, S. (1980). *Clinical Studies in Infant Mental Health: The First Year of Life.* New York: Basic Books.

Fraiberg, S. (1987). *Selected Writings of Selma Fraiberg,* ed. L. Fraiberg. Columbus, OH: Ohio State University Press.

Freud, S. (1895d) (with Breuer, J.). *Studies on Hysteria. S.E.,* 2.（芝伸太郎訳（2008）フロイト全集〈2〉1895年―ヒステリー研究．岩波書店）＊ヒステリー研究は訳本が多数あり

Freud, S. (1940a [1938]). *An Outline of Psycho-Analysis. S.E.,* 23.（渡辺哲夫・新宮一成・高田珠樹・津田均訳（2007）フロイト全集〈22〉1938年―モーセという男と一神教・精神分析概説．岩波書店）

Furman, E. (1957). Treatment of under fives by way of parents. *Psycho-analytic Study of the Child, 12*: 250-262.

Furman, E. (1966). "Parenthood as a Developmental Phase." Paper presented at the first scientific meeting of the Association for Child Psychoanalysis, Topeka, KS (Spring).

Furman, E. (1991). Treatment-via-the-parent: a case of bereavement. In: R. Szur & S. Miller (Eds.), *Extending Horizons: Psychoanalytic Psychotherapy with Children, Adolescents and Families.* London: Karnac Books.

Furniss, T. (1991). *The Multi Professional Handbook of Child Sexual Abuse.* London: Routledge.

Gibbs, I. (1998). "A Second Chance for Emma." Unpublished paper on non-intensive work for qualification as a child psychotherapist with the BAP.

Goldwyn, R., & Main, M. (1996). *Adult Attachment Scoring: A Classification System for Assessing Attachment Organisation through Discourse.* Cambridge: Cambridge University Press.

Green, A., Coupe, P., Fernandez, R., & Stevens, B. (1995). Incest revis-ited: delayed post-traumatic stress disorder in mothers following the sexual abuse of their children. *Child Abuse and Neglect, 19*(10) : 1275-1282.

Greenson, R. R. (1967). *The Technique and Practice of Psychoanalysis.* New York: International Universities Press.

Harris, M. (1968). The child psychotherapist and the patient's family. *Journal of Child Psychotherapy, 2* (2) : 50-63.

Harris, M. (1975), S'Some notes on maternal containment in Good *Enough Mothering. Journal of Child Psychotherapy, 4*(1): 35-51.

Hesselman, S. (1992). Motsverfsring vid barn- och ungdomspsy-koterapi. Presentation av litteratur om ett fšrsummat begrepp [Countertransference in child-and adolescent psychotherapy. presentation of literature on a neglected concept] . Stockholm: Ericastiftelsen Rapport 2.

Hildebrand, J., & Forbes, C. (1987). Group work with mothers who have been sexually abused. *British Journal of Social Work, 17*(3): 285-303.

Hobson, R. P. (1989). Beyond cognition: a theory of autism. In: G. Dawson (Ed.), *Autism: Nature, Diagnosis, and Treatment* (pp. 22-48). London: Guilford Press.

Hobson, R. P. (1993). *Autism and the Development of Mind.* Hove: Laurence Erlbaum.(木下孝司監訳（2000）自閉症と心の発達―「心の理論」を越えて．学苑社)

Hopkins, J. (1992). Infant-parent psychotherapy. *Journal of Child Psychotherapy, 18*: 5.19.

Horne, A. (1999). Sexual abuse and sexual abusing in childhood and adolescence. In: M. Lanyado & A. Horne (Eds.), *Handbook of Child & Adolescent Psychotherapy: Psychoanalytic Approaches.* London: Routledge.（平井正三・脇谷順子・鵜飼奈津子監訳（2013）第23章 児童期および青年期に性的に虐待を受けることと性的に虐待すること．児童青年心理療法ハンドブック．創元社）

Houzel, D. (1986). Un élément du cadre: l'alliance therapeutique. *Journal de la Psychanalyse de l'enfant, 2*: 78-94.

Kanner, L. (1943). Autistic disturbances of affective contact. In: *Childhood Psychosis: Initial Studies and New Insights.* Washington, DC: Winston & Sons, 1973.（十亀史郎・斉藤聡明・岩本憲訳（1995）幼児自閉症の研究（精神医学選書）．黎明書房）

Kennedy, R. (1996). Bearing the unbearable: working with the abused mind. *Psychoanalytic Psychotherapy, 10*(2): 143-154.

Klauber, T. (1998). The significance of trauma in work with the parents of severely disturbed children, and its implications for work with parents in general. *Journal of Child Psychotherapy, 24*(1): 85-107.

Klein, M. (1946). Notes on some schizoid mechanisms. *International Journal of Psycho-Analysis, 27*: 99.110. Also in: *Envy and Gratitude and Other Works*. London: Hogarth Press, 1975 [reprinted London: Kamac Books, 1993.]（小此木啓吾・岩崎徹也訳（1985）分裂的機制の覚書．妄想的・分裂的世界（メラニー・クライン著作集４）．誠信書房）

Klein, M. (1932). The technique of analysis in the latency period. In: *The Psychoanalysis of Children* (revised edition, 1975). London: Hogarth Press [reprinted London: Karnac Books, 1998].（衣笠隆幸訳（1997）潜伏期における分析の技法．児童の精神分析（メラニー・クライン著作集２）．誠信書房）

Klein, M. (1935). A contribution to the psychogenesis of manic-depres-sive states. *International Journal of Psycho-Analysis, 16*: 145-174. Also in: *Love, Guilt and Reparation and Other Works 1921-1945*. London: Hogarth Press, 1975 [reprinted London: Karnac Books, 1992.]（西園昌久・牛島定信訳（1983）躁うつ状態の心因論に関する寄与．愛、罪そして償い（メラニー・クライン著作集３）．誠信書房）

Klein, M. (1988). *Love, Guilt and Reparation and Other Works 1921-1945* (with a new introduction by Hanna Segal). London: Virago Press [reprinted London: Karnac Books, 1992].（西園昌久・牛島定信訳（1983）愛、罪そして償い．愛、罪そして償い（メラニー・クライン著作集３）．誠信書房）

Kohrman, R., Fineberg, H., Gelman, R., & Weiss, S. (1971). Technique of child analysis: problems of countertransference. *International Journal of Psycho-Analysis, 52*: 487.

Kolvin, I., & Trowell, J. (1996). Child sexual abuse. In: I. Rosen (Ed.), *Sexual Deviation* (3rd edition). Oxford: Oxford University Press.

Lebovici, S. (1983). *Le nourrisson, la mere et le psychanalyste. Les interac-tions precoces.* Paris: Paidos, Le Centurion.

Leslie, A. M., & Frith, U. (1988). Autistic children's understanding of seeing, knowing and believing. *British Journal of Developmental Psychology, 4*: 315-324.

Lieberman, A. F., Weston, D. R., & Pawl, J. H. (1991). Preventive intervention and outcome with anxiously attached dyads. *Child Development, 62*(1): 205-208.

Lovaas, O. (1977). *The Autistic Child: Language Development through Behavior Modification.* New York: Wiley.

Mahler, M. (1968). *On Human Symbiosis and the Vicissitudes of Individu-ation, Vol. 1: Infantile Psychosis.* New York: International Universi-ties Press.

Mahler, M. S., Pine, F., & Bergman, A. (1975). *The Psychological Birth of the Human Infant.* New York: Basic Books [reprinted London: Kamac Books, 1988].（高橋雅士・織田雅美・浜畑紀訳（2001）乳幼児の心理的誕生―母子共生と個体化．黎明書房）

Maratos, O. (1997). Psychoanalysis and the management of pervasive developmental disorders. In: C. Trevarthen, K. Aitken, D. Papoudi, & J. Robarts (Eds.), *Children with Autism* (pp. 161-171). London: Jessica Kingsley.（中野茂・伊藤良子・近藤清美訳（2005）自閉症を含む広汎性発達障害の精神分析とケア・マネージメント．自閉症の子どもたち―間主観性の発達心理学からのアプローチ．ミネルヴァ書房）

Meltzer, D., Bremner, J., Hoxter, S., Weddell, D., & Wittenberg, I. (1975). *Explorations in Autism: A Psycho-Analytical Study*. Perthshire: Clunie Press.（平井正三監訳，賀来博光・西見奈子他訳（2014）自閉症世界の探求―精神分析的研究より．金剛出版）

Miller, L. (1992). The relation of infant observation to clinical practice in an under-fives counselling service. *Journal of Child Psychotherapy, 18*(1): 19-32.

Morrison, A. P. (1983). Shame, ideal self, and narcissism. *Contemporary Psychoanalysis, 19*: 295-318.

Newberger, C., Gremy, I., Watemaux, C., & Newberger, I. (1993). Mothers of sexually abused children: trauma and repair in longitudinal perspective. *American Journal of Orthopsychiatry, 63*(1): 92-102.

Offerman-Zuckerberg, J. (1992). The parenting process: a psychoana-lytic perspective. *Journal of the American Academy of Psychoanalysis*, 20: 205-214.

Ornstein, A. (1976). Making contact with the inner world of the child. *Comprehensive Psychiatry, 17*: 3-36.

Papousek, M., & Papousek, H. (1990). Excessive infant crying and intuitive parental care: buffering support and its failures in par-ent-infant interaction. *Early Child Development and Care, 63*: 117-126.

Pines, D. (1993). *A Woman's Unconscious Use of Her Body: Psychoanalytic Approaches.* London: Virago.

Rimland, B. (1964). Infantile Autism. New York: Appleton-Century-Crofts.（神代永訳（1980）小児自閉症．海鳴社）

Robert-Tissot, C., Cramer, B., Stem, D. N., Rusconi-Serpa, S., Bach-mann,J.-P., Palacio-Espasa, F., Knauer, D., De Muralt, M.,Berney, C., & Mendiguren, G. (1996). Outcome evaluation in brief mother-infant psychotherapies: report on 75 cases. *Infant Mental Health Journal, 17*(2): 97-114.

Ruddick, S. (1994). Thinking mothers/conceiving birth. In: D. Bassin, M. Honey, & M. M. Kaplan (Eds.), *Representations of Motherhood*. New Haven, CT: Yale University Press.

Rustin, M. (1999). The place of consultation with parents and therapy of parents in child psychotherapy practice. In: M. Lanyado & A. Home (Eds.), *Handbook of Child & Adolescent Psychotherapy: Psycho-analytic Approaches.* London: Routledge.（平井正三・脇谷順子・鵜飼奈津子監訳（2013）親との取り組み．児童青年心理療法ハンドブック．創元社）

Ruszczynski, S. (1993). Thinking about and working with couples. In: S. Ruszczynski (Ed.), *Psychotherapy with Couples.* London: Kamac Books.

Rutter, M. (1978). Diagnosis and definition of childhood autism. *Journal of Autism and Developmental Disorders, 8*: 139.161.

Rutter, M. (1983). Cognitive deficits in the pathogenesis of autism. *Journal of Child Psychology and Psychiatry, 24*: 513-531.

Salzberger-Wittenberg, I.（1970）. *Psycho-Analytic Insight and Relation-ships—A Kleinian Approach*. London: Routledge & Kegan Paul.

Sameroff, A., & Emde, R.（1985）. *Relationship Disturbances in Early Childhood: A Developmental Approach*. New York: Basic Books.（井上果子・鈴木圭子訳（2003）早期関係性障害—乳幼児期の成り立ちとその変遷を探る．岩崎学術出版社）

Sgroi, S. M., & Dana, N. T.（1984）. Individual and group treatment of mothers of incest victims. In: S. M. Sgroi（Ed.）, *Handbook of Clinical Intervention in Child Sexual Abuse*. Lexington, MA: Lexington Books.

Shapiro, D.（1996）. Foreword. In: A. Ruth, & P. Fonagy（Eds.）, *What Works For Whom? A Critical Review of Psychotherapy Research*. New York: Guilford Press.

Shuttleworth, A.（1982）. "Finding aWaytothe Parent." Unpublished paper given at the Inter-Clinic Conference（October）as part of a Tavistock Clinic contribution on "Concepts of Change".

Simcox-Reiner, B., & Kaufman, I. M. D.（1959）. *Character Disorders in Parents of Delinquents*. New York: Family Service Association of America.

Stern, D. N.（1984）. *The Interpersonal World of the Infant*. New York: Basic Books [reprinted London: Karnac Books, 1999].（神庭靖子・神庭重信訳（1989）乳児の対人世界 理論編．岩崎学術出版社）（神庭靖子・神庭重信訳（1991）乳児の対人世界 臨床編．岩崎学術出版社）

Stern, D. N.（1995）. *The Motherhood Constellation: A Unified View of Parent-Infant Psychotherapy*. New York: Basic Books [reprinted London: Karnac Books, 1999].（馬場禮子・青木紀久代訳（2000）親-乳幼児心理療法：母性のコンステレーション．岩崎学術出版社）

Tischler, S.（1971）. Clinical work with the parents of psychotic children. *Psychiatry, Neuralgia, Neurochirurgia, 74*: 225-249.

Tischler, S.（1979）. Being with a psychotic child: a psychoanalytical approach to the problems of parents of psychotic children. *Interna-tional Journal of Psycho-Analysis, 60*(1): 29-38.

Trevarthen, C.（1993）. The function of emotions in early infant com-munication and development. In: J. Nadel & L. Camaioni（Eds.）, *New Perspectives in Early Communicative Development*. London: Routledge.

Trevarthen, C., Aitken, K., Papoudi, D., & Robarts, J.（1996）. *Children with Autism*. London: Jessica Kingsley.

Trowell, J., & Kolvin, I.（1999）. Lessons from a psychotherapy outcome study with sexually abused girls. *Journal of Clinical Child Psychology and Psychiatry, 4*(1): 79-89.

Trowell, J., Kolvin, I., & Berelowitz, M.（1995）. Design and methodological issues in a psychotherapy outcome study with sexually abused girls. In: M. Aveline & D. Shapiro（Eds.）, *Research Foundations for Psychotherapy Practice*. Chichester: Wiley [in association with the Mental Health Foundation].

Tustin, F. (1972). *Autism and Childhood Psychosis*. London: Hogarth Press [reprinted London: Karnac Books, 1996]. (斎藤久美子監修，平井正三監訳（2005）自閉症と小児精神病．創元社)

Tustin, F. (1981). *Autistic States in Children*. London: Routledge.

van der Pas, A. (1996). Naar een psychologie van ouderschap. Besef van verantwoordelijk zijn [Towards a psychology of parenthood. Realization of being responsible.] In: *Handboek Methodische Ouder-begeleiding 2*. Rotterdam: Ad. Donker bv.

Waksman, J. (1986). The countertransference of the child analyst. *Inter-national Review of Psycho-Analysis, 13*: 405.

Winnicott, D. W. (1955). The depressive position in normal emotional development. *British Journal of Medical Psychology, 28*: 89-100.Also in: *Through Paediatrics to Psycho-Analysis*. London: Tavistock Publi-cations, 1958 [reprinted London: Karnac Books, 1992]. (北山修監訳（2005）小児医学から精神分析へ―ウィニコット臨床論文集．岩崎学術出版社)

Winnicott, D.W. (1960). The theory of the parent-infant relationship. *International Journal of Psycho-Analysis, 41*: 585-595. Also in: *The Maturational Processes and the Facilitating Environment*. London: Hogarth Press, 1965 [reprinted London: Kamac Books, 1990]. (牛島定信訳（1977）情緒発達の精神分析理論―自我の芽ばえと母なるもの．岩崎学術出版社)

Winnicott, D. W. (1963). The development of the capacity for concern. *Bulletin of the Menninger Clinic, 27*: 167-176. Also in: *The Maturational Processes and the Facilitating Environment*. London: Hogarth Press, 1965 [reprinted London: Karnac Books, 1990]. (牛島定信訳（1977）情緒発達の精神分析理論―自我の芽ばえと母なるもの．岩崎学術出版社)

Winnicott, D. W. (1965). *The Family and Individual Development*. London: Tavistock Publications. (牛島定信監訳（1984）子どもと家庭―その発達と病理．誠信書房)

Winnicott, D. W. (1971). *Therapeutic Consultations in Child Psychiatry*. London: Hogarth Press [reprinted London: Karnac Books, 1996]. (橋本雅雄・大矢泰士訳（2011）新版子どもの治療相談面接．岩崎学術出版社)

Winnicott, D. W. (1975). Hate in the countertransference. In: *Through Paediatrics To Psychoanalysis*. London: Hogarth Press [reprinted London: Karnac Books, 1992.] (北山修監訳(2005)小児医学から精神分析へ―ウィニコット臨床論文集．岩崎学術出版社)

Zetzel, E. (1956). Current concepts of transferenee. *International Journal of Psycho-Analysis, 37*: 369-376.

監訳者代表あとがき

本書はEFPPのクリニカル・モノグラフシリーズの「Work with Parents: Psychoanalytic Psychotherapy with children and adolescents」(KARNAC BOOKS：2000）の全訳であり，

欧州各国でなされている子ども·青年の精神分析的心理療法における親(養育者）とのワークに関する研究の成果です。

私たちが子どもの臨床にたずさわるにあたって，親（養育者）との関わりが不可欠であるのは言うまでもないことです。長年，親子の心理療法にたずさわる心理療法士の間で，親担当者の指針となる書が待望されていました。というのも親面接はもとより子どもの問題に親とどのように取り組んでいくかについての体系的でまとまった書物がなかったからです。さらに本書の読者も痛感されていると思いますが，親と関わって共にワークしていくことの難しさは，成人の個人心理療法や子どもの心理療法とはまた異なった難しさがあるからです。

ゆえに，本書は，熱意をもって親子の支援にあたっておられる方々に心強い指針を与えるものと言えましょう。

本書の翻訳には，認定NPO法人子どもの心理療法支援会（通称サポチル）の専門会員の有志がたずさわりました。

サポチルは，本書に推薦の辞をいただきました平井正三氏が，タヴィストックの児童・青年心理療法士の資格を取得して帰国後に立ち上げた組織で，本年で 14 年を迎えます。

サポチルでは，子どもの問題に悩み，支援を求めて訪れる親子に対して，サポチルが認定した専門会員のセラピストが，子どもの心理療法と親への支援を行っています。私たちが長年，サポチルを訪れる親子にたずさわる中で痛感しているのは，子どもの問題を契機に支援を求めて来た親御さん自身が，自身の過去の不十分な養育やトラウマ，家族の問題を抱えていることが多々あることです。親担当者は，親自身の抱える問題を見据え，親のパーソナリティを踏まえ，家族の力動に注目しながら関わっていく必要があり，その苦労は計り知れないものがあります。親自身の問題に踏み込みすぎてもいけないし，かといってそれに触れずして効果的な親の成長はなく，また担当者との転移もその時々で異なる扱いが必要だからです。このように，親とのワークを進めていくためには，繊細で微妙な感性と高度な技法が要求されます。それらを修得するためには，セラピスト自身の個人セラピーを含む濃厚な訓練と実践経験，そして忍耐強く穏やかな情熱が必要であると私は思います。サポチルでは，子どもに特化した精神分析的心理療法士を育成するための訓練システムを設けており，そこでは，ラスティンが書いているような子どものセラピストに不可欠な親とのワークの訓練も含まれています。

このような事情を踏まえて，2016 年に誕生したサポチル関東地区が主催する「子どもの精神分析的心理療法・臨床セミナー In 関東」において，「親面接・親子面接—親との関わり」をテーマにしたセミナーを 2017 年に行いました。そのセミナーを本書の監訳者である津田と訳者の南里裕美が担当しました。このセミナーを担当するにあたって参考になる書物を求めたところ監訳者の一人である脇谷順子氏からタヴィストック・クリニック留学中に出会った本書を紹介していただきました。

本書は，熟練した欧州各国の心理療法士が執筆したものです。ここには，体系的な親面接の理論が提供されていると同時に，苦渋に満ちたしかし，実りある親との多様な臨床実践が多く描かれています。各国の事情によって取り組みの現状や力点は異なるものの子どもの発達，成長と，親の発達，成長とはともに成し遂げられるものであり，親の成長，発達は，親担当者自身の訓練に裏打ちされた親子への深い理解にかかっていることは共通の事項です。

本書は，親子の心理療法のみならず，多様な現場で親子の支援にたずさわっている専門家の方々の日々の臨床実践の指針となり，また訓練の指標となるものと確信しています。そして，さらに我が国で，子どもの心理療法と併せて，親への支援，取り組みがより実りあるものになることを訳者一同願っています。

最後につけ加えたいのは，本書の訳者のほとんどが，子育ての真っ只中であり，自身の子育て，家事，日々の臨床の仕事と多忙な中で時間を割き，熱意をもって翻訳にあたったことです。その労苦が報いられるよう，本書が，我が国の親臨床に役立つことを心から願うものです。

またサポチルを設立し，親子を支援する心理療法士の育成に多大な貢献をされている認定 NPO 法人子どもの心理療法支援会理事長の平井正三氏に，推薦の辞を賜った感謝と共に深い敬意を表したいと思います。また多忙な中で本書の校正に協力していただいたサポチル専門会員の川崎哲生氏，越道理恵氏，長谷川昌子氏，濱田亜貴子氏，細野久容氏，松本陽子氏にこの場を借りてお礼を申し上げる次第です。

また金剛出版の中村奈々氏には，翻訳権の獲得をはじめ，本書の出版について多大なご苦労をいただきました。ここに深く感謝の意を述べさせていただきます。

2019 年（令和元年）夏
監訳者代表　津田真知子

訳者代表あとがき

本書を翻訳出版する機会に恵まれたことをとても嬉しく思っています。

2000 年に出版された本書は約 20 年を経て翻訳出版されますが，現在の日本の子育ての状況，たとえば，子どもへの虐待ということがあるということ，子育ては大変であること，子育て支援は必要不可欠であることに，より多くの人々の関心が向けられ始めていることを考えると，今がベストタイミングだったようにも思われます。

本書は，主には精神分析的な観点をもつ臨床家たちによって書かれています。親[1]になっていくこと，親であること，子育て，親子関係には，時代や文化を超えた，普遍的ともいえるような難しさがあり，それらについて考え，理解しようとしていくとき，精神分析的な観点が強力なツールになりうることをあらためて思います。たとえば，虐待の背景にはさまざまなことが絡まっていて，世代間連鎖や悪循環に陥っている状況があります。精神分析的な観点から，親子の関係性を理解し，考えようとする場合，現実の（外的な）関係のみならず，親の心の中の“親”，“子ども”，“親子関係”のそれぞれの性質にも目を向けていきます。親自身の成育歴や内的な対象関係に目を転じると，親自身が，劣悪な家庭環境や不幸な親子関係の中で子ども時代を

1）養育者の代表という意味で，「親」と表現している。

生きてきたことや，親の心の中には，“養育する親”も“養育されてきた子ども”もおらず，“虐待する親－虐待される子ども”がいるといったような，心の世界の様相も見えてきます。

本書を通して，親とのワークの難しさをあらためて感じますが，著者たちが，それぞれの場所で，親とのワークや親子支援に取り組み続けていること，そして，その取り組み自体にも，大いに励まされ，勇気づけられる思いがします。

本書で述べられている，子どもを育てることの難しさ，親の苦悩，そして，親とのワークがもつさまざまな難しさ，臨床家の苦労や取り組みの工夫から，私たちは多くのことを学べます。そして，子どもや青年の心理療法や親子支援のためには，親との取り組みや親との協働関係作りは必須だということがあらためて実感されます。親子の心の支援にたずさわっている人たちが，本書から学んだことを日々の臨床実践の中で生かすことによって，本書が親子にとっても助けになることを願っています。

共同育児の必然性や必要性，大切さが見直されつつあるようです。共同すること，仲間をもつことの大切さは，子育てに限らないでしょう。親子にとって，より助けになるような支援を行うためには，私たち臨床家も，共に助けあい，学びあえる仲間をもつことが不可欠です。子どもや青年，親，親子の心の支援や発達にたずさわる臨床家の仲間づくりに本書が役立つことも，訳者一同の願いです。

最後になりましたが，本書の翻訳出版に際しましてご尽力くださいました，金剛出版の中村奈々さんに，深く感謝申し上げます。

訳者代表　脇谷順子

索　引

■人名

■あ

■さ

■た

■な

■は

■ま

■や，ら

監訳者・訳者紹介

■監訳者

津田真知子（つだ　まちこ）
1988年　奈良女子大学大学院修士課程修了，臨床心理士。
現在　大阪心理臨床研究所代表，国際精神分析協会（IPA）認定精神分析家，認定NPO法人子どもの心理療法支援会副理事長，精神分析的サイコセラピーインスティチュート・大阪（IPPO）理事，日本精神分析学会認定心理療法士スーパーヴァイザー。

主著訳書

『心理療法の見立てと介入をつなぐ工夫』（分担執筆）金剛出版 2013年
『心理臨床家の成長』（分担執筆）金剛出版　2013年
『タビストック子どもの発達シリーズ』（分担訳）岩崎学術出版社　2013年
『分析家の前意識』（分担訳）岩崎学術出版社　2008年
『精神分析理論の展開』（分担訳）ミネルヴァ書房　2001年　ほか。

脇谷順子（わきたに　じゅんこ）
1994年　東京大学大学院教育学研究科博士後期課程単位取得退学。
2009年　The Tavistock and Portman NHS Foundation Trust & University of East London, Professional Doctoral Course 修了。専門家博士。
現在　杏林大学保健学部教授，認定NPO法人子どもの心理療法支援会　関東地区理事。
児童青年心理療法士（子どもの心理療法士協会認定：英国），臨床心理士，公認心理師。

主著訳書

『児童養護施設の子どもへの精神分析的心理療法』（誠信書房 2018年，分担執筆）
『子どものこころの生きた理解に向けて』（金剛出版社　2017年，監訳）
『精神分析から見た成人の自閉スペクトラム』（誠信書房　2016年，分担執筆）
『タビストック子どもの発達シリーズ』（分担訳）岩崎学術出版社　2013年
『児童心理療法ハンドブック』（創元社　2013年 共監訳）ほか。

■著訳者一覧

推薦の辞　**平井正三**（ひらい　しょうぞう）
所属：御池心理療法センター代表，認定NPO法人子どもの心理療法支援会理事長

序　章　**津田真知子　脇谷順子**（監訳者紹介参照）

第1章　**岩前安紀**（いわまえ　あき）
所属：有希クリニック，Bonキッズ谷町

第2章　**村田りか**（むらた　りか）
所属：大阪府／大阪市スクールカウンセラー，認定NPO法人子どもの心理療法支援会臨床セミナー担当，臨床心理士，公認心理師

第3章　**村田りか**　同上

第4章　**津田真知子**（監訳者参照）

第5章　**南里裕美**（なんり　ひろみ）
所属：大阪心理臨床研究所，臨床心理士，
認定NPO法人子どもの心理療法支援会認定子どもの精神分析的心理療法士

第 6 章　**渡邉智奈美**（わたなべ　ちなみ）
所属：大阪心理臨床研究所，河内総合病院心理療法部，臨床心理士
認定 NPO 法人子どもの心理療法支援会認定子どもの精神分析的心理療法士

第 7 章　**金沢晃**（かなざわ　あきら）
所属：神戸市外国語大学，臨床心理士，
認定 NPO 法人子どもの心理療法支援会認定子どもの精神分析的心理療法士

第 8 章　**脇谷順子**（監訳者紹介参照）

子（こ）どもと青年（せいねん）の心理療法（しんりりょうほう）における親（おや）とのワーク
親子（おやこ）の支援（しえん）・発達（はったつ）のための取（と）り組（く）み

2019 年 8 月 10 日　印刷
2019 年 8 月 20 日　発行

編　者　ジョン・ツィアンティス
　　　　シヴ・ボアルト・ボエティウス
　　　　ビルジト・ハラーフォース
　　　　アン・ホーン
　　　　リディア・ティシュラー
監訳者　津田真知子・脇谷順子
訳　者　岩前安紀・金沢晃・南里裕美・
　　　　村田りか・渡邉智奈美
発行者　立石　正信

印刷・製本　平文社
装丁　本間公俊

株式会社　金剛出版
〒 112-0005　東京都文京区水道 1-5-16
電話 03（3815）6661（代）
FAX03（3818）6848

ISBN978-4-7724-1712-9　C3011　Printed in Japan ©2019

子どものこころの生きた理解に向けて

発達障害・被虐待児との心理療法の3つのレベル

［著］＝アン・アルヴァレズ　［監訳］＝脇谷順子

●A5判 ●並製 ●336頁 ●定価 **4,200**円＋税

● ISBN978-7724-1591-0 C3011

発達障害や自閉スペクトラム症の
子どもたちの心について，
著者の繊細かつユニークな
精神分析的心理療法の視点から解説していく。

子育て，保育，心のケアにいきる 赤ちゃん観察

［編］＝鈴木龍　上田順一

●A5判 ●並製 ●236頁 ●定価 **3,400**円＋税

● ISBN978-4-7724-1682-5 C3011

赤ちゃんは見られたがっている。
よく見て，赤ちゃんのこころを感じとる。
子育てとこころのケアに携わる人の感性を育む必読書。

ピグル

ある少女の精神分析的治療の記録

［著］＝ドナルド・W・ウィニコット　［監訳］＝妙木浩之

●B6判 ●並製 ●304頁 ●定価 **3,200**円＋税

● ISBN978-4-7724-1450-0 C3011

英国の小児科医，児童分析の大家ウィニコットによる，
ピグルというニックネームをもつガブリエルという少女の
2 歳半から 5 歳 2 カ月までの 16 回にわたる
心理療法の記録の全貌である。